W0055582

Stephan Ellinger

Förderung bei sozialer Benachteiligung

Verlag W. Kohlhammer

Alle Rechte vorbehalten
© 2013 W. Kohlhammer GmbH Stuttgart
Umschlag: Gestaltungskonzept Peter Horlacher
Umschlagmotiv: © Jose Manuel Gelpi – fotolia.com
Gesamtherstellung:
W. Kohlhammer Druckerei GmbH + Co. KG, Stuttgart

ISBN 978-3-17-021806-2

Vorwort des Reihenherausgebers

Die Reihe *Fördern lernen* umfasst drei klare thematische Schwerpunkte. Es sollen erstens die wichtigsten *Förderkonzepte und Fördermaßnahmen* bei den am häufigsten vorkommenden Lern- und Verhaltensstörungen dargestellt werden. Zweitens gilt es, die wesentlichen Grundlagen pädagogischer Beratungsarbeit und die wichtigsten *Beratungskonzepte* zu diskutieren, und drittens sollen zentrale *Handlungsfelder pädagogischer Prävention* übersichtlich vermittelt werden. Dabei sind die Bücher dieser Reihe in erster Linie gut lesbar und unmittelbar in der Praxis einzusetzen.

Im *Schwerpunkt Intervention* informiert jeder einzelne Band (1–9) in seinem ersten Teil über den aktuellen Stand der Forschung und entfaltet theoriegeleitet Überlegungen zu Interventionen und Präventionen. Im zweiten Teil eines Bandes werden dann konkrete Maßnahmen und erprobte Förderprogramme vorgestellt und diskutiert. Grundlage für diese Empfehlungen sollen zum einen belastbare empirische Ergebnisse und zum anderen praktische Handlungsanweisungen für konkrete Bezüge (z. B. Unterricht, Freizeitbetreuung, Förderkurse) sein. Schwerpunkt des zweiten Teils sind also die Umsetzungsformen und Umsetzungsmöglichkeiten im jeweiligen pädagogischen Handlungsfeld.

Die Bände im *Schwerpunkt Beratung* (10–16) beinhalten im ersten Teil eine Darstellung des Beratungskonzeptes in klaren Begrifflichkeiten hinsichtlich der Grundannahmen und der zugrundeliegenden Vorstellungen vom Wesen eines Problems, den Fähigkeiten des Menschen usw. Im zweiten Teil werden die Methoden des Beratungsansatzes anhand eines oder mehrerer fiktiver Beratungsanlässe dargestellt und erläutert, so dass Lehrkräfte und außerschulisch arbeitende Pädagogen konkrete Umsetzungen vornehmen können.

Die Einzelbände im *Schwerpunkt Prävention* (17–21) wenden sich *allgemeinen Förderkonzepten und Präventionsmaßnahmen* zu und erläutern praktische Handlungshilfen, um Lernstörungen, Verhaltensstörungen und prekäre Lebenslagen vorbeugend zu verhindern.

Die Zielgruppe der Reihe *Fördern lernen* bilden in erster Linie Lehrkräfte und außerschulisch arbeitende Pädagogen, die sich entweder auf die Arbeit mit betroffenen Kindern vorbereiten oder aber schnell und umfassend gezielte Informationen zur effektiven Förderung oder Beratung von Betroffenen suchen. Die Buchreihe eignet sich auch für die pädagogische Ausbildung und als Zugang für Eltern, die sich nicht auf populärwissenschaftliches Halbwissen verlassen wollen.

Die Autorinnen und Autoren wünschen allen Leserinnen und Lesern ganz praktische *Aha*-Erlebnisse!

Stephan Ellinger

Einzelwerke in der Reihe *Fördern lernen*

Intervention
Band 1: Förderung bei sozialer Benachteiligung
Band 2: Förderung bei Lese-Rechtschreibschwäche
Band 3: Förderung bei Rechenschwäche
Band 4: Förderung bei Gewalt und Aggressivität
Band 5: Förderung bei Ängstlichkeit und Angststörungen
Band 6: Förderung bei ADS/ADHS
Band 7: Förderung bei Sucht und Abhängigkeiten
Band 8: Förderung bei kulturellen Differenzen
Band 9: Förderung bei Hochbegabung
Beratung
Band 10: Pädagogische Beratung
Band 11: Lösungsorientierte Beratung
Band 12: Kontradiktische Beratung
Band 13: Kooperative Beratung
Band 14: Systemische Beratung
Band 15: Personzentrierte Beratung
Band 16: Berufsbezogene Beratung
Prävention
Band 17: Förderung der Motivation bei Lernstörungen
Band 18: Schulische Prävention im Bereich Lernen
Band 19: Schulische Prävention im Bereich Verhalten
Band 20: Förderung bei Bindungsstörungen
Band 21: Hilfen zur Erziehung

Inhalt

Einführung: Ein Buch über Förderung bei sozialer Benachteiligung – Was ist da zu erwarten?

Das Problem

„Soziale Benachteiligung" stellt keine eigene sonderpädagogische Fachrichtung dar. Genau genommen könnten unter bestimmten Umständen wahllos alle Kinder davon betroffen werden – egal wie begabt, kräftig und gut aussehend sie sind. Die gute Nachricht: Es gibt selbst im differenzierten Schulsystem Deutschlands keine eigene – separierende – Institution für diese Problemklientel. Sozial benachteiligte Kinder sind mit keiner einschlägigen sonderpädagogischen Diagnostik zu bestimmen und zu fördern. Es gibt auch keine speziellen Programme, Trainings, Konzepte und andere Materialien – wie dies etwa für die Förderung bei Rechenschwäche, LRS, Aggressivität, Angst oder Motivationsschwäche der Fall ist. Für solche Beeinträchtigungen sind in der

einschlägigen Fachliteratur und in den Testotheken, Lernwerkstätten, Bibliotheken und Ausbildungsseminaren reichlich Instrumente, Tests und fachkundige Ausführungen zu finden. Soziale Benachteiligung als Phänomen scheint hingegen immer diffuser und weniger handhabbar zu werden.

Dieses diffuse und wenig handhabbare Phänomen hat allerdings zugleich für die Betroffenen fatale Folgen. Der Grund hierfür liegt darin, dass soziale Benachteiligung nahezu unsichtbar verläuft. Sie ist nur bedingt am Körper zu erkennen und schwierig im System zu beschreiben. Obwohl also Pädagoginnen und Pädagogen speziell auch für die individuelle Förderung der Schülerinnen und Schüler in belastenden Lebenslagen verantwortlich sind, etabliert sich in pädagogischen Handlungsfeldern häufig unmerklich ein Nährboden, der es den Professionellen schwer macht, jenen Lernbeeinträchtigungen professionell zu begegnen, die speziell durch soziale Benachteiligung erzeugt und stabilisiert wurden.

Ziel

Damit eine Lehrperson Hilfe zur Selbsthilfe leisten kann, muss sie sich zuallererst des genauen Charakters der Hilfsbedürftigkeit ihrer Schülerinnen und Schüler bewusst sein. Die Leserinnen und Leser sind in den kommenden vier Stunden eingeladen, ihre bisherige Wahrnehmung der sozialen Strukturen um sie herum – und auch der Lebenswirklichkeit einzelner Schülerinnen und Schüler – in Frage zu stellen. Sie sind außerdem eingeladen, Anwalt der Benachteiligten zu werden, indem sie widersprechen und Ungerechtigkeiten nicht für außerhalb ihres Zuständigkeitsbereiches halten. Die betroffenen Kinder und Jugendlichen brauchen seitens ihrer Lehrerinnen und Lehrer eine pädagogische Grundhaltung, die Verständnis für andere Lebenswirklichkeiten und Lebensentwürfe ermöglicht. In vielen Fällen setzt dies ein bewusstes Eintauchen in eine fremde Welt und die Bereitschaft zum Umdenken voraus. Das Buch soll hierzu Denkanstoß sein und will dazu anregen, konsequent über gebundene Ganztagsschulen in einer kommunalen milieusensiblen Bildungslandschaft nachzudenken.

Aufbau

Der Text spitzt sich argumentativ stufenweise von einer breit angelegten Sicht auf das Grundmuster sozialer Benachteiligung und seine unterschiedlichen Formen bis hin zur konkreten Förderung in der Schule zu. Dabei werden die verschiedenen Themen jeweils über mehrere Kapitel hinweg immer wieder neu aufgegriffen und weiter verdichtet.

Im **ersten Kapitel** sollen zunächst die Dimensionen sozialer Benachteiligung in unterschiedlichen Gesellschaftsausschnitten besprochen werden. Hier ist in erster Linie wichtig zu klären, wie soziale Benachteiligung in Erscheinung tritt und welchem Grundmuster sie folgt. Anhand weltweiter Beispiele werden hierzu acht Leitsätze formuliert. Das ermittelte Grundmuster sozialer Benachteiligung wird dann (in Kapitel 1.2) auf Deutschland herunter gebrochen, durch konkrete Sachverhalte „mit Fleisch gefüllt" und analysiert. In Kapitel 1.3 finden diese gesellschaftlichen Beobachtungen Anwendung auf das deutsche Schulsystem. Dort treffen schließlich die Lehrerinnen und Lehrer auf Kinder, die in unserer Gesellschaft mit einer sozialen Benachteiligung leben müssen.

Nach diesem Problemaufriss zum Begriff soll im **zweiten Kapitel** das Bedingungsfeld in der Schule beschrieben werden. Dabei sollen Denkgewohnheiten, Wahrnehmungsmuster, Handlungstraditionen und ganz allgemein Vorstellungen von professionellem Handeln auf ihr Potential für effektive Förderung – oder eben im ungünstigen Fall auf ihr Potential als Nährboden für den Fortbestand sozialer Benachteiligung – in der Schule untersucht werden.

Das **dritte Kapitel** des Buches greift dann wieder die verschiedenen Phänomene auf und mündet schließlich jeweils in pädagogischen Anregungen für die Förderung. Die hier behandelten Benachteiligungskontexte sind bereits in den Kapiteln 1.2 und 1.3 dargestellt worden. Dazu gehören Armut, soziale Differenzen, Migrationshintergrund, Traumatisierung und das Aufwachsen in Risikofamilien. Im Zentrum der Überlegungen stehen nicht konkrete Förderstrategien, -trainings oder -programme, sondern Strukturüberlegungen, die Hilfen zur Selbsthilfe betroffener Kinder und Jugendlicher ermöglichen können.

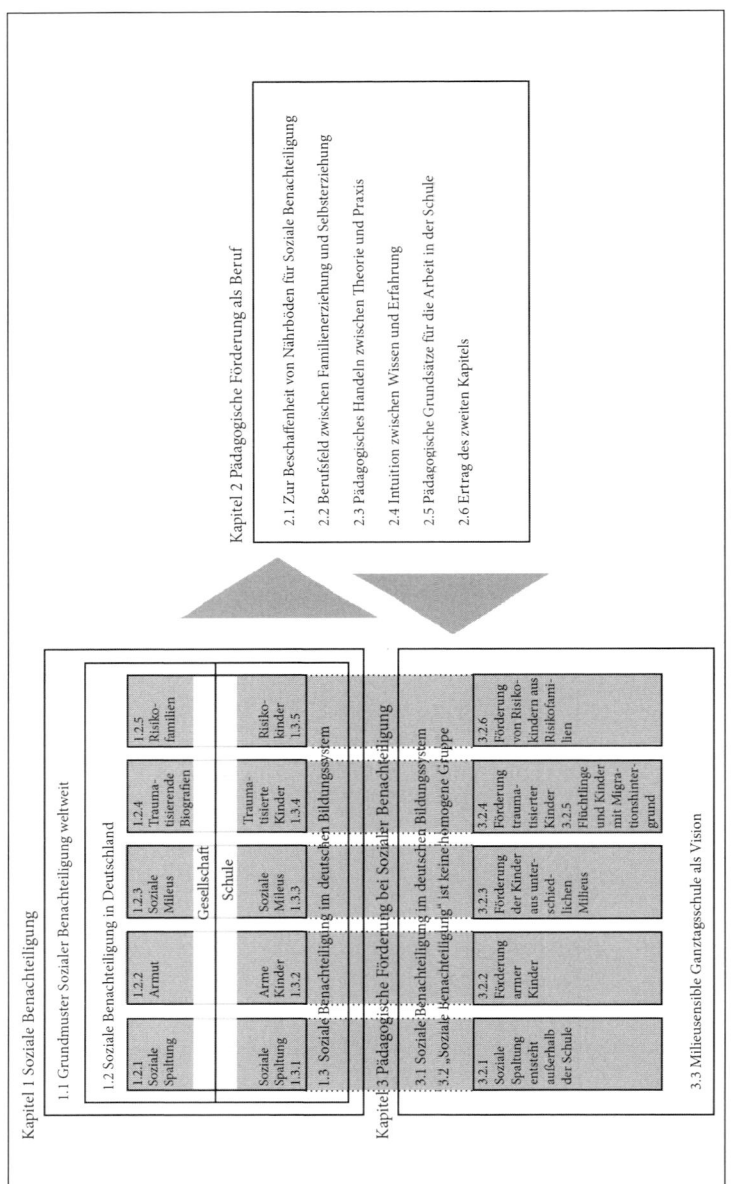

Abbildung 1: Aufbau des Buches im Überblick

Literaturempfehlungen

Weil vielfach sehr knappe Abschnitte die z. T. komplexen Problemfelder nur anreißen und sich manche Leserin oder mancher Leser vielleicht in einzelne Themengebiete gründlicher einarbeiten will, sind am Ende verschiedener Kapitel Empfehlungen zu weiterführenden Veröffentlichungen zu finden.

Ach übrigens

Auch wenn die immer noch zu beklagende soziale Benachteiligung von Frauen in der Arbeitswelt in diesem Buch nicht als solche problematisiert wird, ist sie dem Autor durchaus bewusst. Dennoch sind im Text der besseren Lesbarkeit wegen bei der Beschreibung von Personen in der Regel männliche Formen verwendet worden. Diese Entscheidung hat bisweilen richtig weh getan, denn ich erinnere mehr weibliche Lehrkräfte, die ich als Schüler ins Herz geschlossen hatte, als männliche. Veröffentlichungen, die weniger pragmatisch mit dieser Problematik umgehen oder ihre Liebe zum großen I in Verbindung mit zweifelhaften syntaktischen Lösungen entdecken, sind häufig schlecht lesbar. Und Lesbarkeit ist ja schließlich auch ein hohes Gut.

Ich wünsche Ihnen eine anregende Lektüre und mir selbst viele Rückmeldungen, die ich sämtlich beachten und beantworten werde!

Würzburg, im November 2012   *Stephan Ellinger*

1

Soziale Benachteiligung

1.1 Grundmuster sozialer Benachteiligung

Das Grundmuster sozialer Benachteiligung orientiert sich nicht strukturgebend an einer Polarisierung von individueller Leistung eines Menschen oder einer Menschengruppe auf der einen Seite und Minderleistung auf der anderen Seite. Eine so entstandene Hilfsbedürftigkeit ist nicht in erster Linie gemeint, wenn im Folgenden von sozialer Benachteiligung die Rede sein wird. Vielmehr entsteht und stabilisiert sich soziale Benachteiligung durch die Prioritätensetzungen derjenigen, die mehr oder weniger zufällig wohlhabend sind. Soziale Benachteiligung ist die Kehrseite sozialer Bevorzugung in einer Gesellschaft oder Weltgemeinschaft. Sie ist in einigen Fällen leicht zu erkennen, weil Glaubensgemeinschaften, ethnische Gruppen oder ein einzelnes Geschlecht bevorzugt werden. In vielen Fällen vollzieht sich soziale Benachteiligung allerdings weit weniger offensichtlich, dennoch in jeder wohlhabenden Gesellschaft mehr oder weniger häufig.

Der allgemeine Wohlstand innerhalb eines Landes kann in geographischer Fügung – etwa durch Bodenschätze oder Klima – wurzeln, kann aus einer geschichtlichen Vorrangstellung – etwa durch Fleiß und Pioniergeist einer früheren Generation – hervorgehen, resultiert aus längeren Abwesenheiten von Kriegen, wird begünstigt durch eine – z. B. rechtsstaatliche – Gesellschaftsordnung oder ist auf Erfindungsreichtum und Schaffenskraft einzelner Forschungsvertreter zurückzuführen. Wenn der Wohlstand einer Gesellschaft oder Weltgemeinschaft nur ausgewählten Mitgliedern dieser Gemeinschaft zugutekommt, muss allerdings von sozialer Benachteiligung der nicht-ausgewählten Mitglieder gesprochen werden. In einer zivilisierten Welt sollte es möglich sein, anhand belegbarer Beispiele das Grundmuster sozialer Benachteiligung zu beschreiben.

Der geneigte Leser ist deshalb im Folgenden eingeladen, über Beispiele eines zweifelhafte Umgangs der industrialisierten westlichen Welt mit Mensch, Tier und Natur nachzudenken. Dabei darf zu Beginn des ersten Kapitels in diesem Fachbuch ein eher journalistisch-reißerischer Stil helfen, die Brisanz des weltweiten Benachteiligungsmusters deutlich zu machen. Bewusst wird dabei ein provozierender Grundton angeschlagen. Dieser legt sich dann ab Kapitel 1.2 weitgehend wieder!

a) Wie unsere Handys und Computer die Menschen in Afrika quälen

Weltweit besitzen mehr als 5 Milliarden Menschen ein Mobiltelefon (Obert 2011). Der Journalist Frank Poulsen (2011) berichtet, dass potentiell jeder Handy-Besitzer mit dem Erwerb seines Mobiltelefons den Krieg im Kongo angeheizt hat, der in den letzten 15 Jahren 5 Millionen Menschenleben kostete (Obert 2011). Für einen Lohn von wenigen Cents graben und leben die Kinder oft Tage lang in dunklen Tunneln tief unter dem Tageslicht. Der Hintergrund ist schnell berichtet: Für die Produktion von Handys werden spezielle Mineralien benötigt, unter ihnen Coltan. Seit im Jahre 2003 die weltgrößte Mine zum Abbau von Coltan in Australien geschlossen wurde, boomt das Geschäft im Kongo. Bis zu 80 % der Weltvorkommnisse liegen hier im Inneren der Erde (Weber 2009). Im Ostkongo gibt es hunderte Minen mit den wertvollen Mineralien. Die knapp zwei Millionen Bergleute könnten reich sein, wenn sie nicht von den Rebellen unterdrückt und entrechtet würden. Diese verwenden die Einnahmen für die Finanzierung ihrer Waffen. Der Krieg wird auf dem Rücken der Arbeitenden geführt. Beobachter berichten über Zwangs- und Kinderarbeit, über Mord und Massenvergewaltigung. Ein französischer Journalist berichtet: „Wer nicht mehr arbeiten kann, weil ihn die Maloche in der schwülen Hitze ausgelaugt hat, wird einfach geköpft oder erschossen" (Weber 2009). Als Frank Poulsen (2011) verschiedene Mobilfunkunternehmen mit seinen Rechercheergebnissen und den Filmaufnahmen konfrontierte, musste er erleben, dass den betreffenden Unternehmenssprechern die Umstände der Rohstoffgewinnung nicht nur bekannt waren, sondern dass die Unternehmen „aus Wettbewerbsgründen" nichts im Alleingang unternehmen wollen, um den Grausamkeiten ein Ende zu bereiten. Aus Wettbewerbsgründen (Poulsen 2011)! Durch ein Gütesiegel, das Mineralien aus Minen mit fairem Umgang kennzeichnet, sollen in Zukunft die Wege der Rohstoffe transparent gemacht werden. Wissenschaftler der Bundesanstalt für Geowissenschaften und Rohstoffe (BGR) in Hannover entwickelten ein Verfahren, mit dem die Herkunft und der Weg des Coltan eindeutig bestimmt werden können. Internationale Unternehmen können dann – trotz des Wettbewerbs – nur noch Erze aus fairem Bergbau einkaufen. Das Bundesministerium für wirtschaftliche Zusammenarbeit und Entwicklung hat in dieses Projekt 3,2 Millionen Euro investiert (Obert 2011). Es könnte also sein, dass dem unmenschlichen Schicksal der achtjährigen Kinder in absehbarer Zeit ein Ende bereitet wird, nachdem die Unternehmen und alle übrigen Mitwissenden mehr als zehn Jahre lang viele Millionen Handys gebaut, beworben und mit hohem Gewinn verkauft haben, obwohl sie wussten, unter welchen Umständen die notwendigen Rohstoffe gefördert wurden. So quälen wir durch unsere immer neuen Handys die Menschen in Afrika.

Aber was hat es mit den Computern auf sich? Der Fotograf Pieter Hugo (2011) stellte einen Bildband zusammen, in dem er den Verbleib großer Mengen Elektroschrotts aus Europa und anderen Industriestaaten in Ghana dokumentierte (Hugo 2011). Jährlich fallen hierzulande rund 50 Millionen Tonnen Elektromüll an, die zu einem großen Teil per Container in die Dritte Welt verschifft werden. Dort entsteht eine gigantische Müllhalde. Die Landschaft wird zerstört und die Menschen leben im und zunehmend auch vom Elektroschrott. Auf den riesigen

Schrotthalden suchen tausende Menschen nach Spuren von Gold, Coltan oder Kupfer in Handys, Computern und Laptops. Sie verbrennen Plastikgehäuse und Kabelisolierungen, um an die „Innereien" heran zu kommen. Ganze Landstriche sind eingenebelt von unentwegt aufsteigenden schwarzen Rauchsäulen. Die Atemwege der so tätigen Kinder und Erwachsenen sind durch die hochgiftigen Dämpfe schweren Belastungen ausgesetzt. Das Recycling von Elektroschrott ist für die Industrieländer ein Kostenfaktor. Die billigere Lösung ist, den Elektroschrott illegal nach Afrika zu verschiffen, indem er über kriminelle Händler verkauft wird. In den letzten Jahren wurden auf diese Weise rund ein Drittel der Elektrogeräte, die angeblich als funktionstüchtig geliefert wurden, sofort als unbrauchbar aussortiert und auf den heimischen Schrottplätzen entsorgt. Laut Greenpeace werden die Geräte als gebraucht, aber funktionstüchtig ausgegeben, doch immer wieder stellt sich heraus, dass sie defekt sind (Zeisel & Kaledzi 2012). Während in der deutschen Politik an einer Lösung für diese menschenverachtende und naturzerstörende Praxis gearbeitet wird, quälen die *Wegwerf-und-neu-kaufen-Verbraucher* in den Industriestaaten mit diesem und auch anderem Schrott weiter die Menschen in Afrika.

Stellen wir den Fokus etwas weiter und lassen wir uns von einem mehrfach preisgekrönten Dokumentarfilm der französischen Filmemacherin Cosima Dannoritzer inspirieren (Dannoritzer 2011). Nach jahrelanger Recherchearbeit berichtet die Dokumentation von der Entwicklung unserer Wegwerfmentalität. Sie ist bewusst erzeugt und wird gezielt unterhalten. Die Verbraucher sollen immer wieder neu kaufen und wegwerfen wollen. Das Ergebnis ist ein Lebensstil, der wirtschaftliches Wachstum ermöglicht – aber zugleich eine Müllmenge produziert, die den oben beschriebenen Computerschrott nahezu marginalisiert. Diesen Behauptungen soll im nächsten Abschnitt nachgegangen werden.

b) Geplante Obsoleszenz als Motor für die Wirtschaft

Mit dem Begriff der geplanten Obsoleszenz wird eine Strategie der Wirtschaftsvertreter bezeichnet, die auf Wachstum ausgerichtet ist. Wir unterscheiden heute zwei Formen geplanter Obsoleszenz. Die eindeutig ältere zielt auf technische Fehler, die nach einer vorgesehenen Zeit oder nach einem bestimmten Leistungsumfang auftreten und von den Herstellern geplant sind. Sie sollen das jeweilige Gerät funktionsunfähig machen. Uns allen ist geläufig, dass Drucker gemeinhin über eine sehr begrenzte Laufzeit verfügen. Sie melden je nach Marke bereits nach wenigen tausend Ausdrucken einen Fehler im System. Der Besitzer wird in vielen Fällen mit der etwas überraschenden Auskunft konfrontiert, dass es günstiger sei, einen neuen Drucker zu kaufen, als den alten reparieren zu lassen. Geht der Kunde darauf ein, hat die geplante Obsoleszenz ihren Zweck erfüllt. Nachforschungen haben ergeben, dass heute in handelsübliche Drucker von den Herstellern EPROM-Chips eingebaut werden, die nach einer vorgegebenen Menge an Ausdrucken – unabhängig vom realen Verschleißaufkommen – eine Fehlermeldung initiieren. Diese Fehlermeldung blockiert den weiteren Betrieb und führt schließlich über das oben beschriebene Procedere zu einem Neukauf. In Amerika wurden die Filmemacher Fan und Casey Neistat über Nacht berühmt, weil sie sich gegen diese Form des Wirtschaftswachstums von Apple wehrten (Neistat & Neistat 2012). Als Casey Neistat nach nur 18 Monaten einen Ersatz-Akku für seinen iPod benötigte, aber von der Firma keinen erhielt, sondern ihm lediglich zum Kauf eines neuen iPod geraten wurde, drehten die Brüder einen Film über das Geschehen. Der Film wurde im Internet mehr als zwei Millionen mal angesehen. Zahllose iPod-Besitzer bestätigten daraufhin eine ähnliche kurze Haltbarkeit ihres Akkus. Eine Anwältin aus San Franzisco reichte Klage wegen geplanter Obsoleszenz ein und Apple startete ein Ersatzprogramm für iPod-Akkus (Neistat & Neistat 2012).

Das berühmteste Symbol der geplanten Obsoleszenz ist die Glühbirne. Nach der Erfindung der Glühbirne 1879 erreichten die industriell produzierten Glühbirnen schon bald eine Lebensdauer von über 2500 Stunden. In den Räumen der amerikanischen Feuerwache Livermore brennt noch heute eine Glühbirne aus dem Jahr 1901. Sie war 1895 produziert worden und wird seit einigen Jahren täglich mehrfach fotografiert. Das jeweils aktuelle Foto findet sich im Internet auf der Homepage der wachsenden Fan-Gemeinde dieser tapferen Glühbirne (Bunn Graphics 2012). Bis ins Jahr 1924 hinein wurden immer längere Leuchtzeiten der Glühbirnen erreicht. An Weihnachten 1924 geschah dann etwas Wegweisendes für unser heutiges Wirtschaftssystem: Ein Kartell der damals führenden Glühbirnenherstellern der Welt beschloss in einer Geheimsitzung in Genf, die Lebensdauer der Glühbirne einheitlich auf 1000 Stunden zu begrenzen (Dannoritzer 2011). Ab 1929 gab eine Tabelle Auskunft darüber, wie viel Geld ein Unternehmer an Strafe zu zahlen hatte, falls seine Produkte im Durchschnitt wesentlich über der 1000-Stunden-Grenze brannten. Der Grund für diese Selbstbegrenzung lag in einer beabsichtigten Steigerung der Verkaufszahlen. 1942 flog das Kartell auf. Nach 11 Jahren Gerichtsverfahren wurde die künstliche Reduzierung der Lebensdauer gerichtlich untersagt. Obwohl zwischenzeitlich mehrere Patente erteilt wurden, die eine Produktion wesentlich robusterer Glühbirnen ermöglichen, beträgt die durchschnittliche Lebensdauer einer handelsüblichen Glühbirne auch heute noch rund 1000 Stunden. Die geplante technische Obsoleszenz hat sich in der weltweiten Produktion quer durch alle Produkte durchgesetzt. Taschenlampen, Nylonstrümpfe, Motorroller – in allen Produktkategorien wird mittlerweile durch geplante Obsoleszenz für mehr Absatz gesorgt. Die Kunden sind damit nicht glücklich, fühlen sich bisweilen über den Tisch gezogen, sehen dann aber häufig rasch ein, „dass da nichts mehr zu machen ist", und kaufen eben neu.

Viel freiwilliger fügt sich der moderne Mensch allerdings in die geplante *ästhetische Obsoleszenz*. Auch hier reichen die Wurzeln in die 1920er Jahre zurück. Hernry Ford steht in dieser Zeit für die Entwicklung der Massenproduktion durch das Fließband. Sein Ford T wurde in legendär hoher Stückzahl hergestellt und galt als ausgesprochen robust. Filmdokumente aus der damaligen Zeit zeigen das Auto im Einsatz auf dem Feld ebenso wie im Straßenverkehr und auf unwegsamem Gelände (Dannoritzer 2011). Der zeitlose und unverwüstliche Ford T fand reißenden Absatz. Einzig ernstzunehmender Konkurrent von Ford war General Motors. GM galt zu dieser Zeit als weit abgeschlagen. Dann brachte der damalige GM-Chef Alfred P. Sloan durch eine bahnbrechende Idee quasi die Konsumgesellschaft zur Welt: Er führte als Mittel gegen den unverwüstlichen Ford T das Konzept der Jahresmodelle ein. Sloan, der von 1923 bis 1956 den späteren Konzern leitete, machte es sich zur Aufgabe, die Kunden durch Verlockung zum Neukauf zu verführen. Die schönen, modernen, bunten und von Jahr zu Jahr neu gestalteten Autos wurden fortan dem immer gleichen Ford vorgezogen. Im Jahr 1927 wurde das Modell mit dem 15-millionsten Ford T vom Markt genommen und auch Ford stieg auf das Jahresmodellkonzept um.

Während der Wirtschaftskrise in den 1930er Jahren brachte Bernard London die erste Veröffentlichung zur geplanten Obszoleszenz auf den Markt (London 1932) und löste eine rege Diskussion darüber aus, ob nicht die Lösung der Wirtschaftskrise darin bestehen könne, dass jedes Produkt ein Datum für die festgeschriebene Maximalverwendungszeit erhalten solle. Nach dem Ende der Wirtschaftskrise beschreibt Arthur Miller in seinem Drama „Death of a salesman" (Miller 1949) das Problem ständig kaputt gehender Geräte, sobald sie bezahlt sind.

Beide Formen der geplanten Obsoleszenz sind heute gang und gäbe. Zum einen werden herstellerseitig in Geräte technische Haltbarkeitsgrenzen eingebaut und Reparaturen faktisch unmöglich gemacht, zum anderen zielt die allgegenwärtige Werbung darauf ab, dass nicht aus Notwendigkeit, sondern aus ästhetischen Gründen Neuanschaffungen verlockend sind. Langeweile, symbolträchtiger Konsum und Unzufriedenheit mit dem Bekannten sollen zu immer neuem Kauf anregen. Die Grundlage des wirtschaftlichen Wachstums sind Werbung, geplante Obsoleszenz und schier unendliche Kredit-Möglichkeiten. Wirtschaftliches Wachstum ist zum Selbstzweck geworden. Es wird diktiert von denjenigen, die es brauchen. Eine andere Gesellschaftsform als diejenige mit ständig wachsenden Wirtschaftszahlen wird kaum in Erwägung gezogen, sie wird sogar als unabdingbare Notwendigkeit behauptet.

Der Chemiker Michael Braungart entwickelt das Alternativkonzept „Cradle to Cradle", was so viel heißt wie „Von der Wiege bis zur Bahre". Sein Konzept sieht vor, dass alle hergestellten Produkte wiederverwertbar sind. Er orientiert sich an der Natur, die auch nur diejenigen Produkte hervorbringt, die sie selbst wieder verwerten kann, wenn sie nicht mehr gebraucht werden. Ein solches Vorgehen hätte nichts mit Verzicht zu tun, sondern setzt schlicht ein grundsätzliches Umdenken voraus (Braungart & McDonough 2005; Unfried 2009). Seit einigen Jahren mehren sich die Kritiker der propagandistisch vertretenen Meinung, dass „Nachhaltigkeit" ausschließlich mit Wirtschaftswachstum zu tun habe. Neue Konzepte werden gefordert (Jackson 2011; Seidl & Zahrnt 2010). Solche Konzepte könnten auch im Blick auf weltweite Ungerechtigkeiten und Respektlosigkeiten gegenüber Menschen in anderen Ländern Bedeutung gewinnen. Der französische Ökonom Serge Latouche (2009) fordert seit einigen Jahren eine andere Geisteshaltung. Er kritisiert die diachronische Veränderung dessen, was für den Einzelnen identitätsstiftend ist. Während früher soziale Werte im Mittelpunkt standen – eine Selbstdefinition also über die Freunde und Familie stattfand –, scheint heute der Konsum identitätsstiftend zu sein. Die Menschen glauben irrtümlicherweise daran, dass materieller Besitz über die Qualität ihres Lebens entscheidet. Nutznießer sind Produzenten und Lieferanten, deren gewinnträchtiger Egoismus die Welt fest im Griff hat. Selbst wenn wir die technischen Möglichkeiten hätten, ohne Umweltschädigung ausreichend Energie zu produzieren, die Menschen auch ohne Wachstum technisch auf hohem Niveau ausgestattet sein könnten, global mehr Gerechtigkeit durch Würdigung der Lebensrechte anderer Kontinente entstünde, alle Menschen auf der Welt mit ausreichend Nahrung versorgt wären, Bequemlichkeit und Komfort erhalten blieben, würden vermutlich einschlägig bekannte Konzerne und weltweit operierende Interessensgemeinschaften vieles unternehmen, um die Menschheit im derzeitigen Unrechtssystem zu halten. Die Geschichte der Elektroautos steht dafür als Zeuge.

c) Warum in Amerika die Elektroautos sterben mussten

Als am 21. Juli 1969 die ersten drei Menschen den Mond betraten, arbeitete an Bord der Mondlandefähre ein Computer mit einer Frequenz von gerade einmal 43 kHz und verfügte über eine Speicherkapazität von 64 KByte. Jeder handelsübliche Taschenrechner zum Kaufpreis von rund 10 Euro stellt heute diese Werte mit Leichtigkeit in den Schatten. Damals galt dieser Computer allerdings als technische Meisterleistung, die für Privathaushalte unbezahlbar war (vgl. Mokono 2012). Merkwürdig erscheint allerdings, dass es in der langen Geschichte des Automobils von keinem auch nur annähernd vergleichbaren Entwicklungsverlauf zu berichten gibt. Der technische Antrieb, den Karl Benz in demjenigen Auto zum Einsatz brachte, das seine Frau Bertha im Sommer 1885 nach Mannheim fuhr, ist vom Grundsatz her der gleiche geblieben. Es wird Benzin verbrannt, es werden Abgase erzeugt und es wird Lärm verursacht. Merkwürdig auch, dass es vor 100 Jahren einmal mehr Elektroautos auf den Straßen gab als solche mit Benzinmotoren. Seit 1888 sind Elektroautos nachgewiesen (Schrader 2002). Die Elektromotoren der Autos konnten zuhause aufgeladen werden und fuhren nahezu geräuschlos. Die Geschichte der Elektroautos erzählt von einem beachtlichen Skandal. Während sich die Weltöffentlichkeit im Glauben befand, dass Wissenschaft und Politik ernsthaft bemüht seien, eine Alternative zum Benzinmotor zu finden, wurden abseits der Öffentlichkeit alle Entwicklungserfolge von der einflussreichen Öl-Lobby zunichte gemacht. Die eindrucksvolle Dokumentation von Chris Paine (2006) über den Aufstieg und den Niedergang des Elektroautos in Kalifornien berichtet davon, dass 1996 überall auf Kaliforniens Straßen Elektroautos fuhren. Sie waren schnell, sauber, sparsam und sahen gut aus. Die Kalifornische Umweltschutzbehörde hatte zuvor 1990 das Emissionsgesetz auf den Weg gebracht, in dem der Autoindustrie vorgeschrieben wurde, dass in Zukunft nur noch Autos verkaufen dürfe, wer einen gewissen Anteil seiner Flotte emissionsfrei produziert. Der Prozentsatz der emissionsfreien Autos war gestaffelt: 1998 mussten 2 %, 2001 5 % und im Jahr 2003 dann 10 % der Produktion eines Autoherstellers emissionsfrei sein. Zu diesem Zeitpunkt begann eine beispiellose Intrige der Ölkonzerne gegen die Elektroautos und gegen das Emissionsgesetz (Paine 2006). Obwohl ab 1996 mit dem EV1 ein von GM produziertes Elektroauto verbreitet war, das zur vollsten Zufriedenheit der Kunden fuhr, erreichte die Öl-Lobby, dass 2005 sowohl das Emissionsgesetz fallen gelassen wurde, als auch kein Elektroauto mehr auf der Straße zu sehen war. In der Zwischenzeit hatten die Konzerne Werbefilme für Elektroautos gedreht, die eher ein Negativimage verbreiteten. GM verklagte die Kalifornische Umweltbehörde wegen des Emissionsgesetzes. Durch den Einfluss der Ölindustrie wurden die Firmen gezwungen, Kundendossiers zu erstellen und lange Wartelisten zu führen. Die Autoindustrie bekämpfe jeden, der wusste, wie groß die Nachfrage nach EV1 wirklich war. Nach der Klage von GM vergab Georg W. Bush 1,2 Milliarden Dollar Forschungsgelder zur Entwicklung des Wasserstoffantriebs, obwohl es bereits ein funktionierendes Elektroauto gab. GM hatte zwischenzeitlich dem Erfinder und Entwickler Stanford R. Ovshinsky den Prototyp einer produktionsreifen Hochleistungsbatterie abgekauft und die Technik, statt sie in ihr Elektroauto EV1 einzubauen, an Texaco verkauft, wo sie in der Versenkung verschwand (Paine 2006). Dieser Vorgang erinnerte aufmerksame Beobachter an den Straßenbahnskandal aus den 30er, 40er und 50er Jahren. Damals kaufte GM nach und nach in 45 amerikanischen Städten sämtliche Straßenbahnnetze, verschrottete anschließend alle Züge und legte die Strecken still. Auf diese Weise konnten Autos und die Brennstoffe aus eigener Produktion abgesetzt werden (Thurnher 2009). Schließlich sorgte GM 2004 dafür, dass alle EV1, Toyota-, Honda- und andere Elektroautos, die zur vollsten Zufriedenheit ihrer Besitzer fuhren, nach Ablauf der Leasingverträge nicht gekauft werden konnten. Die Fahrzeuge wurden eingesammelt und z. T. in nächtlichen Aktionen und nach wochenlangen Bewachungsaktionen der Aktivisten verschrottet. GM als Autobauer und Hersteller von Elektroautos hatte auf Anweisung der Ölindustrie den Bau der vielversprechenden Elektroautos gestoppt. Fortan wurden alle Energien in die Weiterentwicklung des 3-Tonnen-Autos Hammer gerichtet. Mit diesem Auto war Geld zu verdienen. Die Effizienz der Benzinmotoren hat sich nach guten Fortschritten in der Regierungszeit von Jimmy Carter zwischen 1975 und 1985 nicht weiter entwickelt. Die Vernetzung der Öl-Lobby in alle Bereiche der Automobilindustrie und in die Regierung scheint zu grenzenlosem Einfluss zu führen und macht den Entwicklungsstillstand im Bereich der Automobiltechnik verständlich.

Umwelt und die Interessen der Menschen sind offensichtlich der Gewinnmaximierung verschiedener Konzerne und marktwirtschaftlichen Überlegungen untergeordnet. Ob diesen Konzernen auch Kriegsmaschinerien folgen, bleibt dahingestellt. Allerdings geht die Welternährungsorganisation der UNO (Food and Agriculture Organization, FAO) davon aus, dass weltweit täglich mindestens 25 000 Erwachsene und 10 000 Kinder verhungern. Von den weit über 15 Millionen Menschen, die jährlich an armutsbedingten Ursachen sterben, könnte ein Großteil ohne hohen finanziellen Aufwand gerettet werden. Sie sterben durch Mangelernährung, fehlendes Trinkwasser, fehlende Impfung, Durchfall, Masern, Kinderkrankheiten etc. Die Zahl der dauerhaft Unterernährten und chronisch unter Hunger leidenden Menschen ist in den vergangenen Jahren um 400 auf 925 Millionen angestiegen. Und dabei gilt als konsensfähig, dass ein großer Teil des so genannten strukturellen Hungers auf der Welt Folge der gnadenlosen Spekulationen mit dem Preis der Grundnahrungsmittel ist. Spekulanten diktieren den Einkaufspreis an den Börsen und Lebensmittelvernichtungen sowie Export-Subventionen halten den Preis für die gewinnorientierten Händler stabil. In vielen Entwicklungsländern haben sich die Nahrungsmittelpreise in den letzten 10 Jahren verdoppelt, wodurch die Unterernährung stark zugenommen hat. Neben der Börsenspekulation wird auch die Förderung von Biotreibstoffen als Ursache hierfür angesehen. Im Klartext: Auch wir in Deutschland profitieren vom bitteren Hunger anderer Menschen. Bei einem Konsens zur Prioritätenverschiebung könnten die weltweit produzierten Lebensmittel für die Ernährung aller Menschen auf der Welt vollkommen ausreichen (WFP 2012). Dass eine Lösung des Hungerproblems nicht an mangelnder Technik oder fehlenden Ressourcen scheitern muss, bestätigen neben international arbeitenden Welternährungsorganisationen auch Wissenschaftler mit unterschiedlichen Forschungsschwerpunkten. In 21 Studien zur Zukunft der Nahrungsversorgung, die von der britischen Regierung in Auftrag gegeben und im Journal *Proceedings of the Royal Society B* veröffentlicht wurden, kommen die Forscher zu einem sehr optimistischen Ergebnis: Selbst die neun Milliarden Menschen, die im Jahr 2050 auf unserer Erde leben werden, könnten mit den heute produzierbaren Lebensmitteln und technischen Möglichkeiten ernährt werden, wenn der politische Wille dazu vorhanden wäre (Godfrey et al. 2010; Hawkesworth et al. 2010; Parfitt et al. 2010; Reuter 2010).

Unabhängig von der weltweiten Hungerproblematik klafften auch in unserem Land Armut und Reichtum noch nie so weit auseinander wie heute. Während die einen mehr Bildung, mehr Technik, mehr Wohlstand und Rechte genießen, sehen sich zunehmend viele Menschen existentiell bedroht, weil soziale Standardrisiken wie Alter, Arbeitslosigkeit, Krankheit und Pflegebedürftigkeit privatisiert werden und der Staat zunehmend versucht ist, sich zugunsten einer geforderten „Eigenverantwortung" zurückzuziehen. Eigenverantwortung in einem geschlossenen System unter der Herrschaft der Finanzen wird allerdings schnell zur Farce.

Zum Grundmuster sozialer Benachteiligung in einer Gesellschaft lassen sich folgende Leitsätze festhalten:

a) Soziale Benachteiligung wächst im Klima geduldeter Einflussnahme und zunehmender Gleichgültigkeit

Besitz und Einflussnahme bilden wesentliche Strukturelemente westlicher Gesellschaften. Interessensverbände hebeln zentrale gesellschaftliche Werte wie Mitmenschlichkeit, Anerkennung, Zuverlässigkeit und materielle Langlebigkeit aus und verhindern offen und nahezu ungehindert Umweltschutz und Fortschritt. Es ist nur eine Frage der Zeit, wann die Bürger der betreffenden Gesellschaften bereit sind, diesen Interessensverbänden auch individuelle Existenzen und sogar Menschenleben zu opfern. In einigen Gegenden der Welt werden diese bereits für den trügerischen Wohlstand der Industriestaaten geopfert. Von stabilen Verhältnissen durch freie Marktwirtschaft kann hierbei nicht die Rede sein.

b) An sozialer Benachteiligung sind mächtige Nutznießer beteiligt

Nicht Gerechtigkeit, Mitmenschlichkeit, Gleichheit und Naturverbundenheit scheinen die Politik der demokratischen Staaten zu bestimmen, sondern in weiten Teilen Gewinnmaximierung einzelner Interessensgruppen, die sich die Politik gefügig gemacht haben. Diese Gefügigkeit folgt dem Wunsch nach Ruhe im Staat und Wiederwahl. Sozial Benachteiligte sind dabei Opfer dieser klaren Prioritätensetzung zugunsten anderer Gesellschaftsgruppen, die im Zweifelsfall am längeren Hebel sitzen. Soziale Komponenten werden abgebaut, kurzfristige ökonomische Überlegungen drohen in vielen Entscheidungsbereichen die Oberhand zu gewinnen. Selbst der Bildungssektor und das Gesundheitswesen werden mittlerweile verbreitet wie Wirtschaftsunternehmen behandelt, die monetäre Gewinne (Drittmittel) erwirtschaften müssen. Ein gemeinschaftlicher Nutzen ist allerdings in den wenigsten Fällen zu erwarten.

c) Soziale Benachteiligung erfolgt im gesellschaftlichen Konsens darüber, dass Wirtschaftswachstum von zentraler Bedeutung sei

Wirtschaftliches Wachstum wird zum entscheidenden Faktor zur Herstellung von sozialer Gerechtigkeit erklärt. Dabei wird der Eindruck erweckt, dass Besitz und gesteigerte Wertschöpfung soziale Gerechtigkeit, Natur und Mitmenschlichkeit stechen. Privatisierungen, Unternehmensabwicklungen und Arbeitsplatzabbau zählen zu den notwendigen und richtigen Maßnahmen, um die Wirtschaft am Laufen zu halten. In einem Interview mit der Deutschen Welle am 04.04.2012 vertritt der deutsche Bundesentwicklungsminister Dirk Niebel (FDP) die Überzeugung, dass auch Hunger und Armut in den ärmsten Regionen der Welt am besten durch Wirtschaftswachstum bekämpft werden könne. Er setze dabei ganz auf die positive Rolle der Privatwirtschaft (Gehrke 2012).

d) Soziale Benachteiligung wird von den Zuschauern mit innerer Distanz zu den Betroffenen hingenommen

Die verbreitete Gelassenheit, mit der die stetige Zunahme der Zahl sozial Benachteiligter hingenommen wird, lässt auf eine stabile innere Distanz zu den Betroffenen schließen. Die Bevölkerung kann ihre innere Distanziertheit zu menschlichen Schicksalen und himmelschreienden Ungerechtigkeiten täglich durch die mediale Berichterstattung aus den Katastrophengebieten der Welt üben. Dort verhungern kleine Kinder, werden Demonstranten erschossen und Oppositionelle gefoltert. Soziale Benachteiligung braucht als Basis innere Distanz sowohl der Verantwortlichen als auch einer schweigenden Mehrheit in der Bevölkerung.

e) Soziale Benachteiligung geht einher mit öffentlich vorgetragenen Erklärungen über die Mitschuld der Betroffenen an ihrer Situation

In Zusammenhang mit sozialer Benachteiligung innerhalb einer Weltgemeinschaft ist seitens der Gewinner kein Unrechtsbewusstsein zu beobachten. Besitzende halten es für ihr Recht, zu besitzen. Dieses Recht leitet sich allerdings in vielen Fällen ebenso wenig von deren persönlichem Engagement ab, wie die prekäre Lebenssituation der sozial Benachteiligten unmittelbare Folge von Faulheit ist. Besitz, Lebensstil und Milieuzugehörigkeit werden in unserem Staat zu großen Teilen unverdient vererbt. Daran ändern auch öffentlich vorgetragene Erklärungen von Politikern und anderen Verantwortungsträgern nichts. Die Subtexte dieser Erklärungen zur Unabänderbarkeit der Situation enthalten zudem nicht selten explizite oder implizite Schuldzuweisungen. Wenn von einem „notwendigen Mehr an Eigenverantwortung" die Rede ist und die Leistungsträger im Staat und auf der Welt stärker belohnt werden sollen, wird deutlich, dass nicht etwa die Wohlhabenden in der Weltgesellschaft oder die staatlichen Lenkungen selbst Schuld an der Benachteiligung anderer trifft, sondern angeblich diejenigen, die sich helfen lassen müssen, weil sie es versäumt haben, mehr Eigenverantwortung zu übernehmen.

f) Grundlage der sozialen Benachteiligung ist die Überzeugung Einzelner, dass die eigene Wahrnehmung objektive Wirklichkeit und einzig richtige Sichtweise sei

Im Großen wie im Kleinen entspringt die Beurteilung von Soziallagen und gesellschaftlichen Bedingungen individuellen Weltanschauungen und Weltbildern. Je nach Stellung im Gesamtgefüge wird der Akteur die soziale Lage Einzelner als logisch, gerecht und nachvollziehbar oder als ungerecht und änderbar ansehen. Seine Perspektive auf die Welt, die Gesellschaft und den Menschen diktieren das Urteil. Während den eigenen Erfahrungen häufig umfassende Gültigkeit zugesprochen wird, sind dem Durchschnittsbürger oft gesellschaftliche oder weltpolitische Entwicklungen unbekannt. So gesehen erfolgt die Zustimmung zur sozialen Benachteiligung häufig theorielos und einzig erfahrungsbezogen. Weil der Mensch aber in seinem Weltbild und in seiner Denktradition gefangen ist, wird ihm die unzulässige Verallgemeinerung seiner Subjektivität kaum auffallen.

g) Soziale Benachteiligung und soziale Bevorzugung stehen in einem Verhältnis komplementärer Schismogenese

Der Begriff stammt ursprünglich aus der Beschreibung psychischer Erkrankungen durch Gregory Bateson (1985) und hat sich auch in der Beschreibung alltäglicher Phänomene bewährt. Schismogenetische Systeme haben die Neigung, in eine Entwicklungsrichtung außer Kontrolle zu geraten. Während die symmetrische Schismogenese eine endlose Auseinandersetzung zwischen grundsätzlich gleich starken Parteien beschreibt, führt die komplementäre Schismogenese zur fortschreitenden Unterwerfung der schwächeren Partei. Bezogen auf unser Problemfeld bedeutet das: Vermögen vermehrt sich und Armut wird ärmer. Oder – um es deutlicher zu formulieren: Selbst in einem so genannten Sozialstaat unterstützt der Staat die Starken, damit sie noch stärker werden, und nimmt das Geld dafür von den Armen, die ohnehin fast nichts haben.

h) Soziale Benachteiligung lässt sich abbauen

Soziale Benachteiligungen hängen nicht zwingend mit körperlichen Behinderungen oder Umweltkatastrophen zusammen und entstehen nicht aufgrund unveränderbarer Missstände. Grundlage vieler stabiler Benachteiligungssituationen ist ein entsprechendes Prioritätensystem, das festlegt, was „normal", „wichtig", „verdient" und „unverdient" ist. Dass es im Blick auf propagierte Menschenwürde auch heute noch gerecht sein soll, die Privilegien, den Wohlstand und die Bildung der Eltern auf deren Nachkommen zu übertragen, ist ebenso Folge einer gemeinschaftlichen Entscheidung wie der Konsens darüber, dass es zumutbar sei, Kinder das Elend, die Armut und die mangelnde Schulbildung der Eltern reproduzieren zu lassen. Wer dies gegen den herrschenden Zeitgeist für ungerecht hält, muss gesellschaftliche Grundmuster in Frage stellen und brauchbare *Tun-Ergehen-Modelle* propagieren.

Wenn wir über *ein Grundmuster* sozialer Benachteiligung nachdenken, so folgen wir der Idee, ein weites Bedingungsgefüge verstehen zu lernen. Bereits die Annahme, dass zu einer sozialen *Benachteiligung* logisch auch eine soziale *Bevorzugung* gehört, kann uns vor einem zu engen Blick auf vermeintliche Versagerkinder bewahren. Allerdings offenbart das behauptete Grundmuster sozialer Benachteiligung viel mehr. Es wird eine Art weltweites System sichtbar, das wie selbstverständlich Opfer fordert. Diese Opfer „passieren" nicht, sie werden von den Nutznießern billigend in Kauf genommen oder sogar instrumentalisiert. Es handelt sich um Menschen, deren Rechte mit Füßen getreten werden und um die Natur, deren Ausbeutung und Verschmutzung trotz ernst zu nehmender Warnungen ungehindert betrieben wird. Ein solches verbreitetes Vorgehen hat weltweite Konsequenzen. Die Konsequenzen der bedingungslosen Ökonomisierung zeigen sich im konsumorientierten Denken der Menschen, zeigen sich im zunehmend eliteorientierten Bildungssystem, zeigen sich im fortschreitenden Abbau des Sozialstaates, zeigen sich in einem bedenklich abnehmenden Gemeinschaftssinn und zeigen sich in Ignoranz gegenüber der Umwelt.

Im folgenden Kapitel wird deutlich werden, dass die Situation der Betroffenen immer mindestens *auch* aus einer bestimmten systemischen Logik heraus entstanden ist und soziale Benachteiligung auch in Deutschland eine konkrete Lebenswirklichkeit darstellt, die in ihrer erzeugten Notsituation verstanden werden muss.

1.2 Soziale Benachteiligung in Deutschland

1.2.1 Die soziale Spaltung in Deutschland ist beschreibbar

Steigen wir ein mit einem konkreten Beispiel, auf das Joachim Schroeder (2007d) hinweist: Untersuchungen zur Sozialstruktur Hamburgs zeigen, dass in der Hansestadt nicht mehr als acht von 179 Ortsteilen sozial und ethnisch „durchmischt" sind, also verschiedene Schichten und Lebenslagen miteinander in einem Viertel leben. Ansonsten gibt es entweder bürgerliche Viertel mit einer Konzentration vermögender und sehr vermögender Bevölkerungsgruppen oder Armutsquartiere, in denen vorwiegend die Deklassierten leben. Es gibt 26 Ortsteile, in denen jeweils unter 5 % der Anwohner Hartz-IV beziehen und wo zudem der Ausländeranteil überwiegend weniger als 3 % beträgt. Andererseits gibt es 15 Stadtteile mit 40–80 % Hartz-IV-Beziehern und einem Migrantenanteil etwa in derselben Höhe. Dass die soziale Schere in Deutschland deutlich auseinander geht, ist durch umfangreiche Medienberichte allgemein bekannt. Im reichsten Land Europas leben immer mehr Menschen in Armut und Arbeitslosigkeit, während die Reichen immer reicher werden (Schartner 2011). Unter 31 entwickelten Ländern der OECD (Organisation für wirtschaftliche Zusammenarbeit und Entwicklung) belegt Deutschland hinsichtlich der sozialen Gerechtigkeit im Land lediglich einen Platz im Mittelfeld hinter Großbritannien und Tschechien. In der jüngsten OECD-Studie wurde im Sozialen erheblicher Nachholbedarf sichtbar (Henning 2011). Während die Einkommensarmut in Deutschland kontinuierlich angestiegen ist, hat zugleich die Polarisierung der Einkommen innerhalb der letzten 20 Jahre so stark zugenommen wie in kaum einem anderen OECD-Mitgliedsland. Seit 2000 ist der Studie zufolge nicht nur eine relative, sondern auch eine „absolute" Polarisierung der Einkommensgruppen zu beobachten (OECD 2010). Das heißt, dass die realen Einkommen der Armen gesunken und die der Reichen gestiegen sind.

Auch wenn die Ursachen von Einkommensarmut sicherlich nicht eindimensional zu verstehen sind, stellen die Autoren der Studie die soziale Ungleichheit und Verarmung in Deutschland als Folge einer verfehlten Bildungs-, Arbeitsmarkt- und Integrationspolitik dar. Die

Autoren gelangen zu dem Schluss, dass es vielerorts bereits an den elementaren Grundvoraussetzungen sozialer Gerechtigkeit mangele, „denn unter den Bedingungen von Armut sind soziale Teilhabe und ein selbstbestimmtes Leben kaum möglich" (OECD 2010, 6). In Deutschland lebt jeder Sechste an der Armutsgrenze. Als Armutsgrenze gilt ein Einkommen von etwa 940 Euro monatlich. Hierbei werden staatliche Leistungen mit einbezogen. Für eine vierköpfige Familie mit zwei Kindern unter 14 Jahren liegt die Schwelle bei 1950 Euro. Insbesondere die hohe Kinderarmut wird als besorgniserregend bezeichnet. Während in Dänemark nur eines von 37 Kindern (2,7 %) als arm gilt, fällt in Deutschland jedes neunte Kind (10,8 %) unter die Armutsgrenze (OECD 2010, 6). Noch stärker betroffen sind die jungen Erwachsenen, die 18- bis 25-Jährigen. Fast jeder Sechste (16 %) von ihnen ist arm. Nach dem letzten Bericht der Bundesregierung von 2008 sind 1,8 Millionen Kinder statistisch arm, das sind zwölf Prozent aller unter 15-Jährigen. Die Nationale Armutskonferenz geht im Jahr 2010 von drei Millionen armen Kindern und Jugendlichen in Deutschland aus – doppelt so viele wie 2004 (Statistisches Bundesamt 2012, Wahl 2010). Dagegen gab es in Deutschland im vergangenen Jahr 16 846 Einkommensmillionäre, d. h. in Worten: sechszehntausendachthundertsechsundvierzig Steuerpflichtige mit Einkünften von mehr als einer Million Euro pro Jahr. 1655 Millionäre verdienen mehr als fünf Millionen Euro. Die Zahl der Einkommensmillionäre ist in den vergangenen Jahren um mehr als die Hälfte gestiegen. Derzeit wird davon ausgegangen, dass in Deutschland rund 830 000 Menschen über ein Privatvermögen von mehr als einer Million Euro verfügen (Statista 2012b).

Parallel zu dieser Entwicklung traten in den letzten Jahren neben die armen Erwerbslosen in unserem Land die erwerbstätigen Armen, die sich zur Schicht der „Working Poor" entwickelten (Butterwegge 2010, 14). Längst reichen viele reguläre Beschäftigungsverhältnisse nicht mehr aus, um ein zeitgemäßes altersentsprechendes Leben zu führen, so dass vollbeschäftigte Familienväter und -mütter Nebenjobs annehmen, um ausreichend Einkommen zu erwirtschaften (vgl. Strengmann-Kuhn 2003). Dass diese zusätzliche Arbeitsbelastung dann auf Kosten der Erholung, der gemeinsamen Freizeit im Familienkreis und des Wochenendes geht, liegt auf der Hand. Zudem entsteht die so genannte „soziale Vulnerabilität" in dem Sinne, dass das gesamte familiäre Wirtschaftssystem zusammenbricht, sobald nur die Waschmaschine, der Kühlschrank oder das Auto kaputt geht.

Der Staatsrechtler und Journalist Heribert Prantl (2005) beschreibt, wie in unserem Staat systematisch die Reichen reicher und die Armen ärmer gemacht werden. In Deutschland gelingt dies u. a. durch die im internationalen Vergleich mit Abstand niedrigste Besteuerungsquote in Bezug auf Vermögensbestände (Grundsteuer, Erbschaftssteuer und Vermögenssteuer) reicher Bürger. Statt aber z. B. die rund 200 Milliarden vererbten Euro jährlich (!) angemessen zu besteuern, wird Lohnerwerb- und Mehrwertsteuer erhoben, die der arbeitende oder auch nicht (mehr) arbeitende Mensch zu zahlen hat. In Deutschland wird derzeit das gesamte Privatvermögen der rund 40 Millionen Haushalte auf insgesamt 10 100 Milliarden Euro geschätzt (in Worten: zehntausendeinhundert Milliarden). Das Netto-Geldvermögen des privaten Haushaltssektors hat sich seit Beginn der neunziger Jahre mehr als versiebenfacht und liegt derzeit bei rund 4900 Milliarden Euro. Dazu kommen Sachwerte und Immobilien sowie Gebrauchswerte wie z. B. Kfz im Gesamtwert von 5200 Milliarden Euro (BMAS 2008). Allerdings verfügt derzeit die untere Hälfte der Haushalte über lediglich 2,5 % des gesamten deutschen Privatvermögens. Andererseits verfügen aber allein die oberen 10 % der Haushalte über die Hälfte des gesamten Privatvermögens in Deutschland. Drittelt man die Gesellschaft und analysiert ihr Vermögen, so ergibt sich folgendes Bild:

Das untere Drittel verfügt über weniger als 1 % des Gesamtvermögens. Das mittlere Drittel über knapp 20 % des Gesamtvermögens. Das obere Drittel über ca. 80 % des Gesamtvermögens. 30 % der Deutschen verfügen über 80 % des gesamten privaten Vermögens in Deutschland. Dabei ist das so genannte mittlere Drittel zunehmend von Verarmung bedroht. Die Tendenz geht weiter in Richtung Umverteilung „nach oben". Diese für die deutsche Gesellschaft geltende komplementäre Schismogenese stellt ein Grundmuster sozialer Benachteiligung dar. Die immer wiederkehrenden skandalisierten Debatten um den Missbrauch von Sozialleistungen sind dabei offensichtlich sehr geeignet, um davon abzulenken, dass es in Deutschland neuerdings parallel ein Reichtums- und ein Armutsproblem gibt.

Im Grundgesetz der Bundesrepublik lesen wir in Artikel 14 Absatz 2 eine ebenso knappe wie klare Anweisung zum Ausgleich sozialer Unterschiede: „Eigentum verpflichtet. Sein Gebrauch soll zugleich dem Wohle der Allgemeinheit dienen." In den verschiedenen Landesverfassungen ist diese Regelung unterschiedlich deutlich aufgenommen worden. So liest man in der Bayerischen Verfassung im Artikel 123 Absatz 2 und 3: „Verbrauchssteuern und Besitzsteuern müssen zueinander in angemessenem Verhältnis stehen. Die Erbschaftssteuer dient auch dem Zwecke, die Ansammlung von Riesenvermögen in den Händen einzelner zu verhindern." Genau diese Ansammlung von Riesenvermögen scheint es aber in Deutschland zunehmend zu geben. Dabei ist nicht einzusehen, warum sich auf der einen Seite immer reichere Nachkommen Vermögen ansammeln, wohlhabende Traditionen pflegen und Privilegien unterschiedlicher Art genießen dürfen und auf der anderen Seite Kinder die existentielle Armut und Benachteiligung ihrer Eltern übernehmen und dadurch Einschränkungen in der eigenen Lebensentfaltung hinnehmen müssen. Hier soll selbstverständlich auch nicht einer Enteignung oder einem kommunistischen Gesellschaftssystem das Wort geredet werden. Allerdings weist Heribert Prantl (2005) darauf hin, dass der Gesetzgeber den deutschen Staat seit Beginn der 1980er Jahre sukzessive in einen Lohnsteuerstaat verwandelt habe, also einen Staat, der sich freiwillig nahezu ausschließlich durch die anfallenden Lohnsteuern – und nur zu einem viel zu geringen Teil durch Vermögenssteuern, Körperschaftssteuern, Grundsteuern und Erbschaftssteuern – finanziere. In eines der noch unter Helmut Kohl eingebrachten Steuergesetze wurde 1997 vermerkt, dass die Vermögenssteuer ab 1997 „nicht mehr erhoben" werde (Prantl 2005, 55). Dabei blieb es bis heute. Eine öffentliche Diskussion über die Einführung einer Vermögenssteuer oder „Reichensteuer" wird in regelmäßigen Abständen in öffentlich gemachten Proteststürmen abgewürgt.

Hinzu kamen steuerliche Entlastungen für Unternehmensgewinne unter Gerhard Schröders rot-grüner Regierung. In der Zeit zwischen 2000 und 2003 stiegen die Gewinne der Unternehmen in Deutschland um 24 Milliarden Euro, ihre Steuern allerdings sanken um 33 Milliarden. Prantl (2005, 49) zitiert das Handelsblatt vom 28. August 2001: „Die Steuerlast, über die die Wirtschaft immer noch klagt, ist eher ein Phantomschmerz."

Der renommierte Verwaltungswissenschaftler Herbert von Arnim (2009) geht in seiner Kritik sogar noch einen Schritt weiter: Er beschreibt, dass sich die Richtung der Willensbildung in Deutschland verändert habe. Während grundsätzlich das Volk fachkundige Vertreter einzelner Bereiche und konstruktiver Strategien wählen sollte, entscheiden die Parteien längst völlig eigenmächtig und offensichtlich im Einvernehmen mit den großen Wirtschaftsunternehmen und Finanzinstituten, wer welche Entscheidungen treffen darf und welche Subventionen wohin fließen sollen. Dabei bleiben angeblich auch die eigenen Bezüge und Privilegien der unkontrollierten Selbstbedienung der Politiker vorbehalten (von Arnim 2009, 37 f.). Insbesondere im Blick auf die Finanzierung der Fraktionen, großzügiger Extra-Diäten und der „Verbesserung der Einkommenslage" der Abgeordneten spricht von Arnim sogar von einem Verfassungsbruch (von Arnim 2011). Die Folge ist neben der sozialen Ungerechtigkeit auch fortschreitende Politikverdrossenheit eines Großteils der deutschen Wähler. Es gibt mehr denn je ein OBEN und ein UNTEN.

Literaturempfehlung

Zum Thema soziale Spaltung in Deutschland: Braune-Krickau (2010a); Prantl (2005); von Arnim (2009)

1.2.2 Die Armut in Deutschland hat Gesichter

Aus Sicht Heribert Prantls verwandelt sich der deutsche Sozialstaat aktuell in einen Kapitalstaat: „Sozialpolitik war der Tribut, den das Kapital im Interesse möglichst reibungslosen Wirtschaftens über hundert Jahre nolens volens zu entrichten bereit war. Weil heute der Gegner keine Kraft mehr hat, ist es damit vorbei" (Prantl 2005, 18). Ein Gegner könnten die vielen armen Bürgerinnen und Bürger sein, wenn sie sich denn zusammenschlössen. Allerdings gibt es keinen „typischen Armen" mehr wie z.B. den einfachen Arbeiter. Arme kommen heute aus verschiedenen Gesellschaftsgruppen. Sie sind Akademiker, sie sind Rentner, sie sind Migranten, sie sind Alleinerziehende und sie sind arbeitslose Facharbeiter. Wenn einem verheirateten Bäckermeister mit vier Kindern nach zwanzig Jahren Arbeit gekündigt wird, findet er auf seinem ALG-Streifen die übersichtliche Zahl von 1180 Euro. Sollte er dann über ein Jahr arbeitslos bleiben, wird er – ähnlich wie der Facharbeiter bei Opel in Rüsselsheim nach zwanzig Jahren Betriebszugehörigkeit – zunächst sein Gespartes aufbrauchen müssen und dann einen mageren Hartz IV-Satz erhalten. Ein Manager, der tausende Mitarbeiter arbeitslos macht und dann aus dem Unternehmen ausscheidet, nimmt nicht selten mehrere Millionen Euro mit und kann in den wenigsten Fällen auf mehr als zwei oder drei Jahre Tätigkeit in dieser Firma zurück blicken. Aus menschlicher Sicht kaum nachvollziehbar.

Der ehemalige Bundesminister für Jugend, Familie und Gesundheit, Heiner Geißler, führte in verschiedenen Fernseh-Talkshows zum Thema unermüdlich aus, dass Hartz IV eine staatliche Form des Betrugs an Kindern und Familien sei (Geißler 2009), und selbst Peter Hartz, der Erfinder und Namensgeber der Reform unter Gerhard Schröder, distanziert sich von seinem eignen Konzept: „Es war ein Fehler, ein Betrug (…) an denjenigen, die jahrelang Arbeitslosengeld eingezahlt haben" (Hartz 2007). Der Regelsatz für einen Erwachsenen setzt sich wie folgt zusammen:

- Nahrungsmittel, Getränke, Tabakwaren   ca. 132,71 Euro
- Bekleidung und Schuhe   34,13 Euro
- Wohnung, Strom   26,87 Euro
- Einrichtungsgegenstände, Möbel, Haushaltsgeräte sowie deren Instandhaltung   27,77 Euro
- Gesundheitspflege   13,21 Euro
- Verkehr ÖPNV   19,20 Euro
- Nachrichtenübermittlung, Telefon, Post   20,38 Euro
- Freizeit, Unterhaltung, Kultur   38,71 Euro
- Beherbergungs- und Gaststättenleistungen   10,33 Euro
- Andere Waren und Dienstleistungen   21,69 Euro

Im Überblick lassen sich die Regelsätze für Hartz IV der Tabelle 1 entnehmen.

Im Blick auf den Regelsatz für Kinder und Jugendliche weist die Bundesarbeitsgemeinschaft der Erwerbslosen- und Sozialhilfeinitiativen e.V. auf bedenklich prekäre Einzelbeträge hin. Nach der Überzeugung der Mehrzahl der Bundestagsmitglieder, der Bundesratsmitglieder und des Verfassungsgerichtes stellen die Regelsätze für Kinder deren gesunde

Tabelle 1: Regelsätze bei Hartz IV

Personenkreis/Rechtsgrundlage/Regelbedarfsstufe	ab 01.01.2012
Regelbedarf für volljährige Alleinstehende, Alleinerziehende und Personen mit minderjährigem Lebenspartner. (§ 20 Abs. 2 SGB II; Regelbedarfsstufe 1)	374,00 Euro
Regelbedarf für volljährige Partner innerhalb einer Bedarfsgemeinschaft. (§ 20 Abs. 4 SGB II; Regelbedarfsstufe 2)	337,00 Euro
Regelbedarf für Personen unter 25 Jahren, die ohne Zustimmung der Trägers umgezogen sind. (§ 20 Abs. 2 Nr 2 SGB II i.V.m. § 22 Abs. 5 SGB II; Regelbedarfsstufe 3)	299,00 Euro
Regelbedarf für Personen unter 25 Jahren im Haushalt der Eltern. (§ 20 Abs. 2 Nr. 2 SGB II; Regelbedarfsstufe 3)	299,00 Euro
Regelbedarf für Kinder 14 bis 17 Jahre. (§ 23 Abs. 1 Nr. 2 SGB II; Regelbedarfsstufe 4)	287,00 Euro
Regelbedarf für Kinder von 6 bis 13 Jahren. (§ 23 Abs. 1 Nr. 2 SGB II; Regelbedarfsstufe 5)	251,00 Euro
Regelbedarf für Kinder 0 bis 5 Jahren. (§ 23 Abs. 1 Nr. 2 SGB II; Regelbedarfsstufe 6)	219,00 Euro

Ernährung, deren Teilnahme am gesellschaftlichen Leben und auch deren gleichberechtigte Bildungschancen sicher. Dabei sind für die Kinder und Jugendlichen (gestaffelt bis 6 Jahre; 7–14 und 15–18-jährig) z.B. für den Kauf eines Fahrrades 0,49–0,54 Euro und für Bildung 0,98–1,19 Euro monatlich vorgesehen. Für Schuhe und Kleidung sind 31,18–37,21 Euro veranschlagt. Spätestens an dieser Stelle dürfte klar werden, dass es für viele Familien mit Kindern im Alter zwischen 7 und 18 Jahren nahezu unmöglich ist, Schuhe, Sportkleidung und stabile Alltagskleidung für verschiedene Jahreszeiten und insbesondere für ein wachsendes Kind zu finanzieren. Hinzu kommt noch der sensible Einfluss zunehmenden Markenbewusstseins in der Pubertätszeit. Für Essen und Trinken werden Sätze ermittelt, die Tabelle 2 zu entnehmen sind.

Tabelle 2: Der ALG II Regelsatz für Kinder und Jugendliche hinsichtlich der Lebensmittel (Bertram 2007)

Das sind:	Kinder von 0 bis 14 Jahren	Jugendliche 15 bis 18 Jahre
für das Frühstück	0,45 Euro	0,59 Euro
für das Mittagessen	0,79 Euro	1,06 Euro
für das Abendessen	0,79 Euro	1,06 Euro
für Getränke täglich	0,53 Euro	0,72 Euro

Die Bundesarbeitsgemeinschaft der Erwerbslosen- und Sozialhilfeinitiativen e.V. kommentiert: „Zum Vergleich: Nach dieser Aufteilung stehen einer bzw. einem Bundestagsabgeordneten (…) 19,80 Euro für das Frühstück, 35,36 Euro für ein Mittagessen und nochmals 35,36 Euro für das Abendessen zur Verfügung. Oder, anders gesagt: Berechnet man die Grunddiäten eines Bundestagsmitgliedes nach Hartz IV, so kann ein Mitglied des deutschen Bundestages ohne Nebeneinkünfte so viel mittagessen wie 46 und ein halbes Kind in ‚Hartz IV'-Haushalten – das wäre doch mal eine Einladung zum Mittagessen wert!" (Bertram 2007).

Offensichtlich ist, wovon auch der Kölner Bildungsforscher Christoph Butterwegge (2010, 25) ausgeht: „Die sog. Hartz-Gesetze konterkarieren Bemühungen zur Armutsbekämpfung." Hartz IV ist nicht geeignet, Kinderarmut zu bekämpfen, vielmehr scheint es darum zu gehen, der zunehmenden Anzahl armer Kinder und Familien eine Art „Normalität" anzudichten, so, als sei es ohne Weiteres möglich, mit Hilfe der differenzierten Sätze für die Einzelbelange des Alltags ein normales Leben zu führen. Ein solches Vorgehen hat auch zur Folge, dass die prekären Lebenssituationen nicht mehr skandalisierbar sind und dass die beteiligten Erwachsenen resignieren.

Zur Beschreibung von Armut werden international verschiedene Formen ausgeführt (Bangert & Fischer 2008):

Unter der *relativen Armut* versteht man eine Unterversorgung an materiellen und immateriellen Gütern und eine Beschränkung der Lebenschancen, und zwar im Vergleich zum Wohlstandsniveau der jeweiligen Gesellschaft. Wer relativ arm ist, hat deutlich weniger als die meisten anderen. Sein Einkommen reicht in vielen Fällen nicht aus, um ein Leben zu führen, das in vollem Umfang am gesellschaftlichen Leben teilhat. Ohne Zweifel trifft dies auf Familien mit mehreren Kindern zu, deren Erwerbstätige nicht über Netto-Einkommen verfügen, die wesentlich über dem Hartz IV-Satz liegen. Wenn in einer Gesellschaft viele Mitglieder relativ arm sind, verweist dieser Sachverhalt auf soziale Ungleichheit und mahnt eine gefährliche Schieflage an.

In Deutschland gilt derjenige als relativ arm, dem maximal 50 % des Medianeinkommens einer Bevölkerungsgruppe oder weniger zur Verfügung stehen. Wer über nicht mehr als 60 % des Medianeinkommens verfügt, *„trägt ein Armutsrisiko"*. In *„strenger Armut"* oder auch *„absoluter Armut"* lebt, wer lediglich über 40 % des Medianeinkommens verfügt (BMFSFJ 2011). Nach den internationalen Kriterien der Europäischen Union gilt allerdings bereits derjenige als arm, der 60 % des Medianeinkommens oder weniger zur Verfügung hat. Beläuft sich das Medianeinkommen beispielsweise auf 1500 Euro im Monat, so liegt die Armutsrisikogrenze bei 900 Euro und die Armutsgrenze bei 750 Euro. Die *gefühlte Armut* – bisweilen auch sozio-kulturelle Armut genannt – lässt sich weniger an konkreten Einkommensgrenzen festmachen. Im Mittelpunkt dieser Armut steht das Bewusstsein der Betroffenen. Sie leiden keinen akuten Mangel, erkennen aber ein Bedrohungsszenario, das ihnen Angst macht, bald selbst in Armut zu versinken, weil sich etwa ihre wirtschaftliche Lage weiter verschlechtern könnte (vgl. *soziale Vulnerabilität*, S. 30 f.).

Die Maßeinheit des *Medianeinkommens* unterscheidet sich vom bekannteren Begriff des Durchschnittseinkommens in entscheidenden Punkten. Das Durchschnittseinkommen in einer Gesellschaft wird errechnet, in dem das Gesamteinkommen der jeweiligen Erwerbstätigen durch die Anzahl der Haushalte (also auch einschließlich der Single-Haushalte) dividiert wird. Man spricht in diesem Zusammenhang also von einem arithmetischen Mittel. Hier wird deutlich, welche Verzerrungen bei der Grundlegung des Durchschnittseinkommens entstehen würden. In die Durchschnittsgröße fließen extrem hohe wie extrem niedrige Einkommen gleichermaßen und nivellieren durch die Berechnung des Durchschnitts die tatsächlichen Unterschiede. Ein Medianeinkommen beschreibt nun im Unterschied zum Durchschnittseinkommen das Einkommen genau derjenigen Person, die – würde man alle Einkommen nebeneinander aufreihen – genau in der Mitte der Einkommensreihe stünde. Rechts und links stünden Personen, die mehr und weniger verdienen. Damit ergibt sich ein stabilerer Wert, selbst wenn die hohen Einkommen extrem ansteigen (wenn z. B. ein Manager 17 Millionen Euro Jahresgehalt erhält) und die niedrigen Einkommen noch weiter sinken würden (weil beispielsweise der Hartz IV-Satz gesenkt würde). Das Medianeinkommen lag in Deutschland in den letzten Jahren bei rund 1500 Euro monatlich, das Durchschnittseinkommen dagegen bei ca. 3000 Euro (Male 2010; Statista 2012a). Nun sollte sich das Durchschnittseinkommen aber nicht auf das Bruttoeinkommen, sondern auf das Nettoeinkommen beziehen, denn dabei handelt es sich um dasjenige Einkommen, das nach Abzug der Steuern und Sozialabgaben (Rente und Arbeitslosenversicherung) zur Verfügung steht. An dieser Stelle kommen nun Überlegungen zum Unterschied zwischen der Berechnung von Familieneinkommen und der von Singles ins Spiel. Um Einkommen besser vergleichen zu können, spricht man vom *„Äquivalenzeinkommen"*. Hierbei werden bei der Beurteilung von Haushalten mit unterschiedlichen Bewohnerzahlen eventuelle Einspareffekte durch gemeinsame Funktionsräume oder Geräte etc. mit berechnet. Laut Statistischem Bundesamt wird dem ersten Erwachsenen das Gewicht 1 zugesprochen, Kindern unter 14 Jahren das Gewicht 0,3 und weitere Personen über 14 Jahren das Gewicht 0,5.

Dabei wird deutlich, in welchem Ausmaß der Faktor „Kinderhaben" in Deutschland zum Armutsrisiko geworden ist. Kinder führen in den meisten Fällen nicht zu einem höheren Einkommen, benötigen aber sowohl Zeit der Erziehungsberechtigten als auch Geld für ihren Lebensunterhalt. Schließen wir die Berechnung einer relativen Armut durch ein erfundenes Beispiel mit Realitätscharakter ab: Das Medianeinkommen in Deutschland beträgt 1500 Euro. Ein vollzeitbeschäftigter 35-jähriger Familienvater aus dem Gastronomiegewerbe verdient brutto 1972 Euro (Durchschnittseinkommen nach Statista 2012a), netto bleiben davon bei zwei Kindern 1535 Euro. Das SOLL anhand des Medianeinkommens errechnet sich nun wie folgt: 1 x 1500 plus 750 (Faktor 0,5 für seine Frau) plus 860 (2 x Faktor 0,3 für seine Kinder) ergeben 3110 Euro SOLL, wenn jedem Familienmitglied durchschnittlich viel Geld zur Verfügung stünde.

Rechnen wir zu den verbliebenen 1535 Euro netto noch den üblichen Kindergeldsatz von 368 Euro (für die ersten beiden Kinder je 184 Euro)

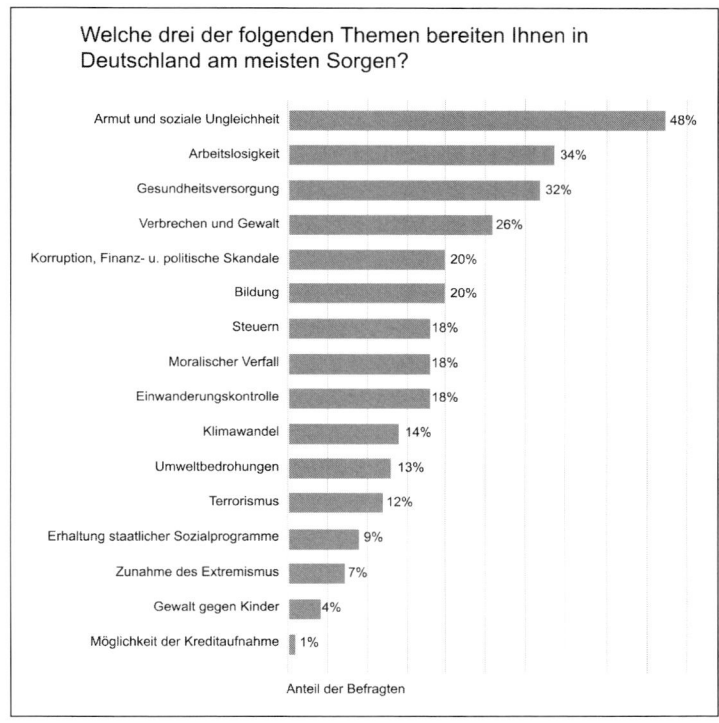

Abbildung 2: Ängste und Sorgen in Deutschland (Quelle Statistisches Bundesamt, Statista 2012a)

dazu, ergeben sich 1903 Euro netto Monatseinkommen. Medianeinkommen in Deutschland wäre für diese vierköpfige Familie 3110 Euro. Die Familie dieses vollzeitbeschäftigten Gastronomiemitarbeiters verfügt also über mehr als 50 %, aber weniger als 60 % des Medianeinkommens und *„trägt"* demnach *„ein Armutsrisiko"*. Wohlbemerkt: vollständige Familie, lediglich zwei Kinder und vollbeschäftigter Erwerbstätiger. Gemäß eines Dossiers, das im Auftrag des Bundesministeriums für Familie, Senioren, Frauen und Jugend (BMFSFJ) erstellt wurde, gibt es Bevölkerungsgruppen, die allerdings einem besonders hohen Armutsrisiko ausgesetzt sind. Es sind Ein-Eltern-Familien, ausländische Familien, Hartz IV-Familien, kinderreiche Familien und Familien, in denen niemand einer Vollzeitbeschäftigung nachgeht (Böhmer & Heimer 2008, 8). Anhand dieses Beispiels wird deutlich, dass die Angst, sozial abzusteigen, nicht ganz unberechtigt in der Mitte Deutschlands angekommen ist. In einer Befragung zu den größten Sorgen der Deutschen wurden 16–64-Jährige gebeten, drei der Themen zu nennen, die ihnen die größten Sorgen bereiten. 48 % der befragten Deutschen nannten Armut und soziale Ungleichheit als eines der Themen, die ihnen die größten Sorgen bereiten (s. Abb. 2).

Von Armut und Armutsrisiko sind in Deutschland insbesondere Kinder und Jugendliche betroffen.

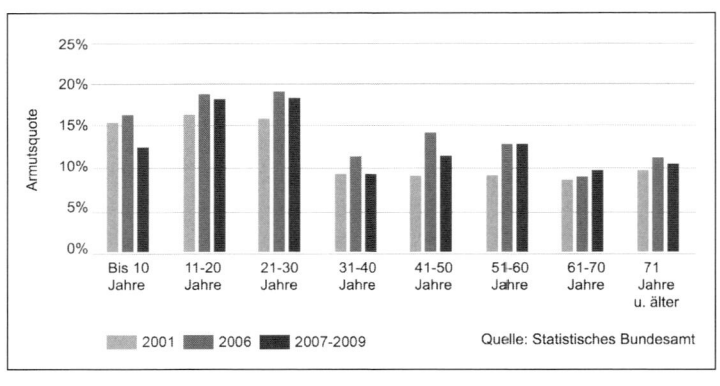

Abbildung 3: Armut in Deutschland nach Altersgruppen in den Jahren 2001, 2006 und 2007–2009 (Statista 2012a)

Literaturempfehlung

Zum Thema Armut in Deutschland: Butterwegge (2010); Huster et al. (2012)

1.2.3 Soziale Milieus, Migrationshintergrund und Lebensstilgruppen

Die alltäglichen Lebensgewohnheiten und Vorlieben der Menschen in unserem Land unterscheiden sich zum Teil erheblich. In nahezu jedem Lebensbereich ließen sich ohne Probleme Geschmäcker finden, die sich diametral entgegenstehen. So beurteilen die einen die Kleidung der anderen als spießig und beschreiben die anderen die Musik der einen als Lärm. Außerdem sind die Autos „prollig" und die Wohnverhältnisse „unmöglich". Was für die einen ein „anspruchsvolles Wochenende" war ist für die anderen „bornierter Mist". Autopflege gehört für die einen neben Fußballgucken und gemütlichem Trainingsanzug zu den drei *MUST*s des Wochenendes und kommt für die anderen auf der Prioritätenliste noch lange nach einer Gedenkminute für den 1748 verstorbenen Hamster des weitläufig verwandten Onkels in Amerika.

Seit vielen Jahrzehnten versuchen Sozialwissenschaftler die Zusammensetzung der deutschen Bevölkerung hinsichtlich ihrer Werte und ihrer Lebensweise zu verstehen und zu systematisieren. Zunächst finden sich Modelle vertikaler Differenzierung, die die Bürgerinnen und Bürger in Schichten einteilen. Zugrunde gelegt werden im Wesentlichen Bildung und Qualifikationen, Einkommen und ökonomische Situation und auch ihr Status im Produktionsprozess. Durch einen solchen Zugang werden Gruppierungen zusammengefasst, die aufgrund ihrer Soziallage verbunden sind. Vor diesem Hintergrund entstand das bedeutende so genannte *Zwiebel-Modell* von Karl M. Bolte et al. (1967):

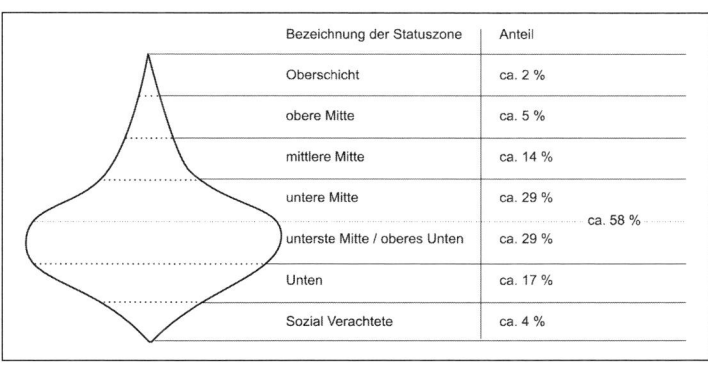

Abbildung 4: Soziale Schichtung der Bevölkerung im Deutschland der 1960er Jahre (Bolte 1967, 316)

Diese Form der sozialen Schichtung differenziert später Reiner Geißler (2011) weiter aus, indem er Ralf Dahrendorfs so genanntes *Haus-Modell* (Dahrendorf 1965) „modernisiert" und auf den Stand der Zahlen von

41

2000 bringt. In der Darstellung sind bereits einzelne qualitative Aspekte zu erkennen – wenn auch ausschließlich auf Arbeit und Beruf bezogen.

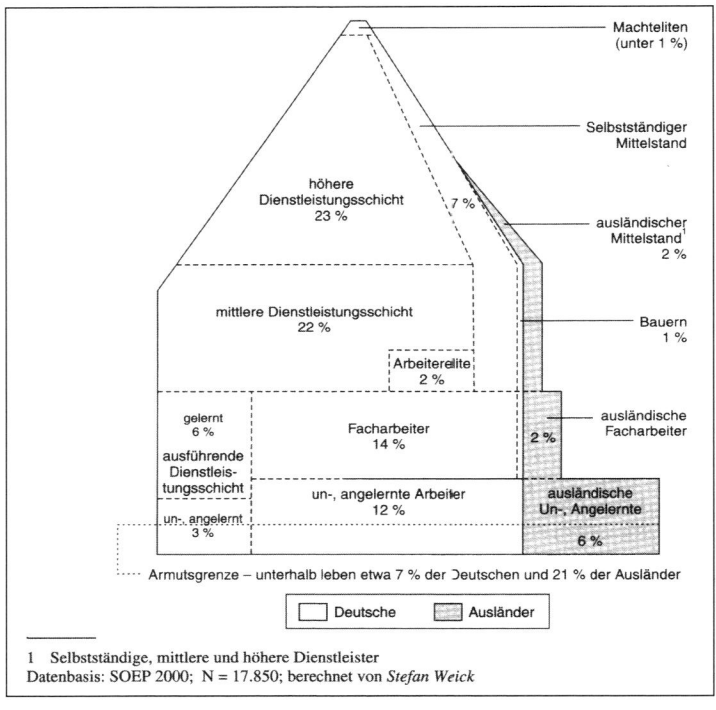

Abbildung 5: Soziale Schichtung der Bevölkerung in Deutschland 2000 (Geißler 2011, 100)

Die entscheidenden Nachteile dieser vertikal differenzierenden Modelle sind aus heutiger Sicht leicht zu beschreiben. Durch eine rein formale vertikale Darstellung ist es nicht möglich, Unterschiede zwischen den Lebensentwürfen und Lebensvorstellungen zu erfassen, die nicht in erster Linie etwas mit Geld, Formalbildung oder Arbeit zu tun haben, sondern z. B. Gewohnheiten, Vorlieben, Prioritäten und den Geschmack der Menschen einschließen. Insbesondere als Grundlage für pädagogische Überlegungen interessiert uns, welche Dinge Menschen in bestimmten Lebensstilgruppen wichtig, angenehm oder völlig unmöglich finden. Es interessiert uns sogar mehr, wie sie eingerichtet sind, als dass wir wissen wollten, ob ihr Vater auch schon Metzger war. Wenn wir etwas pädagogisch Nennenswertes über das Leben der Menschen erfahren wollen, brauchen wir einen anderen Zugang. Pierre Bourdieus Entwicklung des Habitus-Begriffs kommt diesem Interesse schon näher. In seinem Buch *Die feinen Unterschiede* (Bourdieu 1982) beschreibt er im Jahr 1979 den Kulturkonsum verschiedener Gesellschaftsgruppen, indem er darstellt, dass Geschmack durch Einflussgruppen quasi anerzogen wurde. Abgrenzbare Gruppen innerhalb der Gesellschaft haben jeweils vergleichbare Lebensgewohnheiten und Interessen. Allerdings ist die Teilhabe am gesamten „Kulturvolumen" einer Gesellschaft auf unterschiedliche „Kapitalsorten" beschränkt. Bourdieu unterscheidet hier das ökonomische Kapital, das kulturelle Kapital und das soziale Kapital (Bourdieu 1983). Der *„Soziale Raum"* kann dargestellt werden, indem auf der Vertikalen und der Horizontalen die Ausprägung der verschiedenen Kapitalsorten miteinander in Beziehung gesetzt werden und in einer dritten Dimension beispielsweise Lebenslauf, Schichtzugehörigkeit (Herkunftsfamilie) und beruflicher Werdegang verzeichnet sind. Mit dieser Unterscheidung wird deutlich, dass statische Strukturen und überkommene Besitzverhältnisse auch wesentlich über die Teilhabe am kulturellen Leben – und damit an Bildung und Aufstiegsmöglichkeiten – einer Gesellschaft bestimmen. „Die Kenntnis der sozialen Welt, die die Soziologie liefert, ist ohne jeden Zweifel eine der unerläßlichsten Voraussetzungen eines wirklich verantwortlichen kritischen Denkens" (Bourdieu 1983, 173).

Nachdem Jörg Ueltzhöffer und Berthold Flaig gemeinsam den Begriff der „sozialen Milieus" entwickelt hatten (Ueltzhöffer & Flaig 1992), setzt Gerhard Schulze im Jahr 1992 mit seinem Buch *Die Erlebnisgesellschaft* (Schulze 2005) bei der Betrachtung von Lebensweisen einen sehr pragmatischen Schwerpunkt: Er ermittelt im Großraum Nürnberg fünf Milieus, die die Werthaltungen, Einstellungen, Lebensweisen u. ä. der befragten Personen wiedergeben und setzt mit seinem gut 800 Seiten starken Buch den Startschuss für einen Trend in der Sozialforschung. Ein elaboriertes Modell stellt seit dieser Zeit das Sinus-Institut in Heidelberg zur Verfügung. Allerdings arbeitet *Sinus Sociovision* marketingorientiert und verkauft die Ergebnisse seiner Studien an kommerzielle Unternehmen, die über die Lebensgewohnheiten und Geschmäcker ihrer Kunden Informationen wünschen, um gezielt Werbung platzieren zu können. Trotz dieser Einschränkung haben die jährlich aktualisierten Übersichten auch für pädagogische Überlegungen großen Wert. Die Konzeption dieser repräsentativen Befragung in Deutschland wurde in Zusammenarbeit mit dem statistischen Bundesamt sowie mit den statistischen Landesämtern auf der Grundlage von Kennziffern aus dem Mikrozensus erstellt. Milieubeschreibungen stellen immer auch in gewissem Maße Klischees dar und beschreiben Menschen unzulässig holzschnittartig. Allerdings tröstet der Hinweis darauf, dass der soziologische Milieubegriff Gruppen zusammenfasst, die sich hinsichtlich ihrer wichtigsten Werte, ihrer Prinzipien der Lebensgestaltung, ihrer Wahrnehmung, der Gestaltung ihrer Beziehungen zu den Mitmenschen und ihrer Mentalitäten ähneln. Es geht hierbei also nicht um Festschreibungen, Etikettierungen oder Vorverurteilungen, sondern um den Versuch, Strukturen in unserer Gesellschaft und Beweggründe von Menschengruppen zu verstehen (vgl. Hradil 2001). Nach einem „Modellwechsel" bei Sinus (vgl. Sinus 2011) und noch restriktiveren Kaufmodalitäten für ihre Ergebnisse stellt nun das DELTA-Modell eine sinnvolle Fortentwicklung der Sinus-Milieus dar und steht der Öffentlichkeit über verschiedene Plattformen und Veröffentlichungen auch

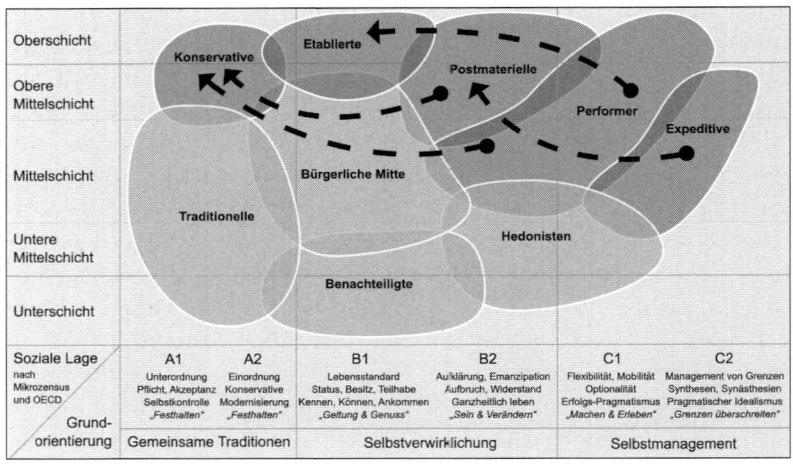

Abbildung 6: Die soziale Differenzierung Deutschlands 2011 nach DELTA (vgl. Wippermann 2011, 169)

unentgeldlich zur Verfügung (DELTA 2012; Wippermann 2011). Die Daten wurden vom Delta-Institut in Penzberg z. T. bereits im Blick auf pädagogische Belange aufgearbeitet und beziehen die Ergebnisse zu den Sinus-Milieus mit ein.

Welche Werte und Lebenseinstellungen teilen nun die Lebensstilgruppen miteinander? Zum Verständnis des so genannten „Kartoffelmodells" sind zwei Vorbemerkungen notwendig: Die neun Basismilieus sind jeweils noch in zwei Submilieus unterteilt, die z. T. polarisiert dargestellt werden. Die Submilieudifferenzierung ist hilfreich, um präziser beschreiben zu können und um weniger platt Individuen zu beschreiben. Die zweite Vorbemerkung bezieht sich auf den Aufbau der Grafik als solche. Auf der vertikalen (y-)Achse finden sich die Informationen zur sozialen Lage – nach OECD und Mikrozensus. Hier bilden sich demographische, bildungsbezogene und materielle Daten ab. Auf der x-Achse findet sich die jeweilige Grundorientierung in Wertabschnitte unterteilt. Als Faustregel kann gelten: Je weiter rechts ein Milieu beschrieben wird, desto moderner, risikofreudiger und innovationsorientierter ist es. Die Wertabschnitte A bis C beinhalten verbindende Prioritäten der Milieugruppen: A = *Gemeinsame Traditionen wahren*, B = *Selbstverwirklichung suchen* und C = *Selbstmanagement finden*. Grundsätzlich lassen sich die Milieus also in Wertorientierungsabschnitten zusammenfassen (Konservative und Traditionelle = A; Etablierte, Postmaterielle, Bürgerliche Mitte und Benachteiligte = B; Performer, Expeditive und Hedonisten = C) oder in der erkennbaren Struktur des *OBEN* und *UNTEN* betrachten. Nach dieser Ordnung sind dann *klassisch gehobene Leitmilieus* von *jungen gehobenen Milieus,* von *Milieus im konventionellen Mainstream* und schließlich von *Milieus der modernen Unterschicht* zu unterscheiden.

In der gebotenen Kürze sollen im folgenden Steckbriefe über zentrale Werthaltungen der Milieus informieren. Grundlage des Abschnittes sind die ausführlichen Darstellungen von Wippermann (2011) und die Daten auf der Homepage des Delta-Instituts (Delta 2012).

1. Zu den klassisch gehobenen Leitmilieus zählen …

Konservative (4 % der Bürgerinnen und Bürger)
Sie stellen das deutsche Bildungsbürgertum dar und verstehen sich selbst als moralische und gesellschaftliche Autorität. Gepflegte Um-

gangsformen, klare Vorstellungen vom richtigen und falschen Leben und leidenschaftliches Interesse an der moralischen und funktionalen Zukunftsfähigkeit unserer Gesellschaft zeichnen das Milieu aus. Zentrale Werte sind: Pflichterfüllung, Disziplin, Erfolg und gute Vernetzung. Für *Konservative* gibt es mit dem jungen Erwachsenenalter eine klar benennbare Lebensspanne, in der wichtige Entscheidungen getroffen werden. Sie betreffen die persönlichen Lebenswerte und insbesondere die Wahl des Berufes und des Partners. Ein Wechsel in diesen Formalia ist nahezu undenkbar.

Etablierte (5 % der Bürgerinnen und Bürger)
Sich selbst verstehen sie als professionelle und kreative Querdenker, die insbesondere gegen traditionalistische Unbeweglichkeit vorgehen. Das Milieu legt großen Wert auf Stil und gute Kleidung. Im Beruf liegt die Betonung auf der Eigenverantwortung und dem Führungsanspruch. Eine Führungsrolle wird allerdings unkonventionell z. B. mit „Lockerheit" gefüllt. Die *Etablierten* arbeiten an sich und ihrer Meinungen über verschiedene Aspekte des Lebens und schätzen sich beruflich als äußerst diszipliniert und fokussiert ein.

Postmaterielle (9 % der Bürgerinnen und Bürger)
Aufgeklärte Bildungselite mit individualistischer und liberaler Grundhaltung. Die Alltagsphilosophie gründet in der Kritik und der Entschlossenheit, dem Schein der Masse nicht zu trauen. Die kritische Auseinandersetzung mit aktuellen Zeitgeistströmungen und eine beständige Suche nach neuen Lösungen, nach sozialer Gerechtigkeit, Weltverbesserung und kognitiver Auseinandersetzung mit Zuständen und Meinungen prägen das Leben der *Postmateriellen*. Dabei suchen sie immer auch eine optimale Form der Selbstverwirklichung, sprich: der Umsetzung ihrer Fähigkeiten und Neigungen.

2. Zu den jungen und gehobenen Milieus zählen …

Performer (14 % der Bürgerinnen und Bürger)
Das Selbstwertgefühl speist sich im Wesentlichen aus dem, was man noch zu leisten plant. Mit stets aktuellem Wissen auf höchstem Niveau und technischer Perfektion sollen die hohen beruflichen Positionen

und Verantwortungen zu neuen internationalen Allianzen verbunden werden. Kompetenzerweiterung, Fortbildung und Vernetzung sind zentrale Elemente des Lebens. Eine Selbstdefinition findet auch über den vollen Terminkalender und den ausgefallenen und hochwertigen Lebensstandard statt. Dabei stehen die eigene Welterfahrung, die Flexibilität, die Mobilität und damit das geforderte Selbstmanagement in diesem Leben im Mittelpunkt der Wahrnehmung.

Expeditive (8 % der Bürgerinnen und Bürger)
Sie sind nicht bereit, mit dem Mainstream zu leben – aber haben auch keine Ambitionen, die Welt zu verbessern (anders als die *Postmateriellen*). *Expeditive* konstruieren sich mehr als andere Milieus ihre eigene Welt. Sie sind Lebenskünstler und wollen ihre eigenen Grenzen kennenlernen und ggf. erweitern. Ihre hohe Bildung und gehobenen Positionen ermöglichen es ihnen jedoch zugleich, ein „normales" – und in gewissem Rahmen stabiles – Leben zu führen und damit trotz ihrer unkonventionellen Einstellung feste Lebensbezüge zu erstellen (Heirat, Familie, eigenes Haus etc.). Diese festen Lebensbezüge sind allerdings dann häufiger einem Wechsel unterzogen, als dies in anderen Milieus der Fall ist.

3. Zu den Milieus im konventionellen Mainstream zählen ...

Traditionelle (15 % der Bürgerinnen und Bürger)
Das Milieu erstreckt sich in vertikaler Hinsicht über drei Schichten und vereint drei Submilieus. Zum einen ist mit den *Traditionsverhafteten* die Sicherheit und Ordnung liebende Nachkriegsgeneration zu beschreiben, die lokal in einer Art kleinbürgerlichen Welt verwurzelt ist. Sie identifizieren sich mit der Region, mit der Kirche, mit den Vereinen und wollen, dass alles so bleibt, wie es ist. Ihre einzige Sorge: dass sich ihre soziale Lage verschlechtern könnte. Die zweite Gruppe bilden die *jungen Traditionellen*, die einerseits traditionsbewusst leben (auch eine klassische Rollenverteilung pflegen) und lokal verortet sind, sich aber andererseits von den Moralvorstellungen ihrer Eltern lösen wollen. Sie erben von den Eltern (z. B. einen Bauplatz), sind fleißig, haben enge Bindungen zu ihren Arbeitgebern und schätzen die eigene Familie sehr. Ihre einzige Sorge: Die Region verlassen zu müssen, um beispielsweise

eine andere Arbeitsstelle anzunehmen. Zum dritten Submilieu der *zurückgezogenen Traditionellen* gehören alte Menschen. Sie leben zurückgezogen und häufig am Existenzminimum. Ihr Alltag besteht vielfach aus Warten. Sie warten im Wesentlichen auf die Abfolge der Tagespunkte im festen Rhythmus des Alltags – wie etwa auf die Mahlzeiten, die Spaziergänge, eventuell den Besuch, einen Anruf oder die Verabredung zum Kaffee. *Zurückgezogen Traditionelle* fühlen sich „jetzt übrig" und leben häufig räumlich entfernt von ihren Kindern und Enkeln.

Bürgerliche Mitte (18 % der Bürgerinnen und Bürger)
Das *statusorientierte Bürgertum* stellt ein Submilieu dar, das sich mit Gütern, Bildung und Prestige gut ausgestattet sieht und insgesamt in beruflich und familiär stabilen Verhältnissen lebt. Ihr Grundstreben gilt dem Erhalt dieser Situation. Anzeichen dafür sind ihre Statussymbole: der dargestellte materielle Wohlstand. Ihr Engagement bringen sie in die regionale Gemeindearbeit ein und sind in den verschiedenen Bezügen meistens Wortführer. Ihre Kinder werden nach Kräften in Schule und Ausbildung oder Studium gefördert und unterstützt. Das *moderne Harmoniemilieu* als zweites Submilieu der *Bürgerlichen Mitte* stellt eher die kleinbürgerliche Welt qualifizierter Handwerker, Angestellter und kleiner Selbständiger mit ihrer modernen Form des genügsamen Lebensstils dar. Ihr Motto ist „Anschluss halten" durch Streben nach Modernität – aber kein Risiko eingehen, und nichts übertreiben. Obwohl ein stetiger Begleiter die stille Sorge ist, den Arbeitsplatz zu verlieren und sozial abzustürzen, hat sich im modernen Harmoniemilieu Zufriedenheit breit gemacht. Sie schätzen sich fortschrittlicher und moderner ein als die ähnlich situierten *jungen Traditionellen*. Insgesamt ist allerdings in der *Bürgerlichen Mitte* der Gesellschaft ein zunehmendes Absetzen von allzu kritischen, kompetenzerweiternden und nach Weiterentwicklung strebenden Gruppierungen zu beobachten. Damit zeigen sich Distinktionslinien zwischen der *Bürgerlichen Mitte* und etwa den *Postmateriellen* und den *Performern*. Es wird deutlich, dass „die Mitte der Gesellschaft" zugunsten einerseits aufstrebender und andererseits zunehmend randständiger Milieus in Auflösung begriffen ist.

4. Zu den Milieus der modernen Unterschicht zählen …

Benachteiligte (16 % der Bürgerinnen und Bürger)
Die stark materialistisch geprägten *Konsum-Materialisten* verfolgen das
Ziel, von den „normalen" Bürgern Anerkennung zu erfahren und an der
lokalen Gemeinschaft teilzuhaben. Grundgefühl ist die Jagd nach Normalität und demonstrativem Konsum, um damit zu zeigen, dass man
noch nicht ganz unten angekommen ist. Hierzu zählen (günstige) Rei-
sen, demonstrative Anschaffungen (z. B. von Kleidung und Konsumgü-
tern) und Besuch von Freizeitparks und öffentlichen Events. Das Rollenverständnis ist klassisch und tendenziell machohaft. Die Mitglieder des
defensiv-prekären Submilieus sind dagegen in der Öffentlichkeit kaum
wahrzunehmen. Sie empfinden sich von der Gesellschaft ausgeschlos-
sen und weisen einen hohen Anteil an Langzeitarbeitslosen und Hartz
IV-Empfängern auf. Dominantes Gefühl im Submilieu der *Defensiv Prekären*: „Ich bin nichts wert". Zur Erinnerung: Im Submilieu der *zurückgezogen Traditionellen*: „Ich bin jetzt übrig". Sie meiden jede Situation, in
der sie anderen Menschen oder fordernden Situationen ausgesetzt sind.

Hedonisten (11 % der Bürgerinnen und Bürger)
Die *Lifestyle-Hedonisten* suchen nach aufregenden Erlebnissen, nach
neuen Medien und nach ununterbrochener Kommunikation mit
Freunden und der Welt. Beruflich leben sie diese Neigung ebenfalls aus:
Sie tendieren zu Jobs mit Erlebnischarakter und befristeten Beschäf-
tigungsverhältnissen. Dadurch können sie Lebendigkeit und erotische
Ausstrahlung demonstrieren. Allerdings sind *Lifestyle-Hedonisten* je-
derzeit mit der bürgerlichen Gesellschaft in Kontakt. Anders das zweite Submilieu der *Hedonisten*: Die *Subkulturellen Hedonisten* leben bewusst am Rand der Gesellschaft. Sie leben radikal die eigene Freiheit
und riskieren Extremes und Tabubrüche. Im Alltag wollen sie sich dem
Leistungsdruck und den Erwartungen der Bürgerlichen nicht beugen.

Durch biografische Interviews konnte in begrenztem Umfang der
Frage nachgegangen werden, inwiefern im Lebensverlauf Milieuwan-
derungen einzelner Personen oder Milieugruppen nachvollzogen werden können. Die Interviews wurden retrospektiv geführt und besitzen
natürlich nur begrenzte Gültigkeit. Einige interessante Beobachtungen
weisen auf die Zeit der Ausbildung bzw. des Studiums als eine Phase im

Leben hin, in der junge Erwachsene ihr Herkunftsmilieu verlassen und bis zur beruflichen Etablierung oder der eigenen Familiengründung durch verschiedene Milieus wandern.

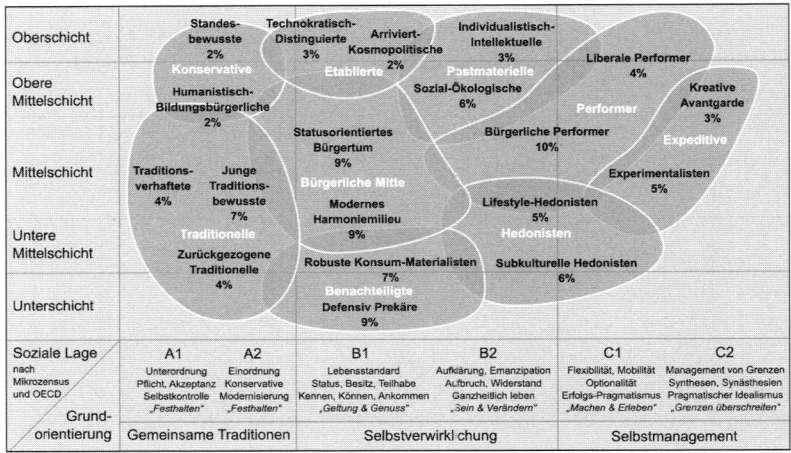

Abbildung 7: Milieumobilität im Lebensverlauf (nach Wippermann 2011, 89)

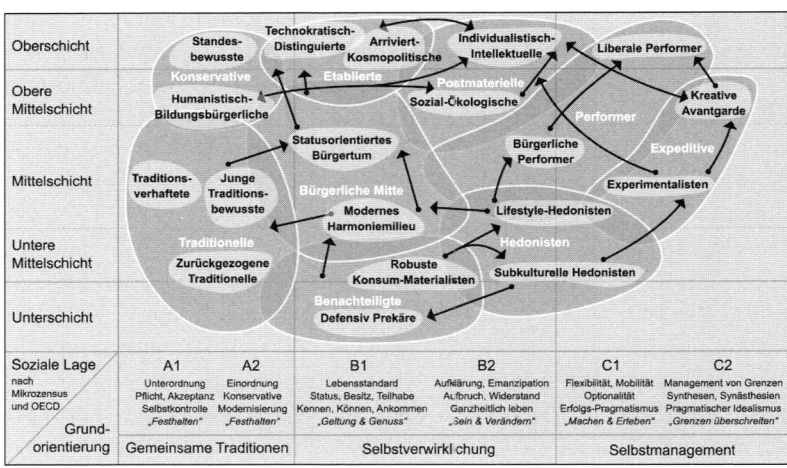

Abbildung 8: Dominante Milieupfade und Milieuaffinitäten (nach Wippermann 2011, 87)

Wippermann (2011, 87) macht noch auf einen weiteren Sachverhalt aufmerksam: Anhand der dominanten Milieupfade wird deutlich, welche Milieus besondere Affinitäten zueinander haben und welche nicht. Nebeneinanderliegende Milieus sind eher durch ihre antithetische Beziehung gekennzeichnet und machen dies in ihrer Grundausrichtung deutlich: *Etablierte* beispielsweise stellen die Antithese der *Konservativen* dar und haben wiederum mit den *Performern*, die ihrerseits die Antithese zu den *Postmateriellen* bilden, gemeinsame Grundorientierungen. Die Wahrscheinlichkeit, dass ein *Postmaterieller* also im Laufe seines Lebens zu den *Konservativen* abwandert, ist wesentlich höher als ein Milieuwechsel zu den *Etablierten* (ebd. 88). Diese Ergebnisse stellen in gewissem Sinne auch die Stabilität der gesellschaftlichen Differenzierung dar (vgl. Abb. 8).

Migranten in Deutschland sind in vielen Fällen einem der im Delta-Modell beschriebenen Milieus zuzuordnen. Das Sinus-Institut (Beck & Perry 2007) ermittelte eigens die aktuellen Migranten-Milieus in Deutschland und kam zu folgenden Ergebnissen:

- Migranten stellen in Deutschland keine soziokulturell homogene Gruppe dar, sie sind vielmehr ausgesprochen differenziert und finden im Wesentlichen Abbildung in den deutschen Milieus.
- Unter den Migranten sind mitunter gemeinsame lebensweltliche Muster bei unterschiedlichen Herkunftskulturen zu beobachten.
- Es ist nicht möglich, von der Herkunftskultur auf ein bestimmtes Milieu in Deutschland zu schließen.
- Der Einfluss religiöser Tradition auf die Lebenswirklichkeit wird bei Migranten häufig überschätzt. Ausnahmen bestätigen die Regel.
- In allen Milieus gibt es – je spezifische – Integrationsbarrieren und Integrationshemmnisse.
- Die Bereitschaft zur Leistung und der Wille zum gesellschaftlichen Aufstieg sind in vielen Milieus gegeben.

Ein problematischer Teilhabe-Status ergibt sich ganz parallel zu den deutschen Milieus in den Bereichen der Unterschicht im *religiös verwurzelten* Milieu, im *entwurzelten Flüchtlingsmilieu* und im *hedonistisch subkulturellen* Milieu.

Literaturempfehlung

Zum Thema soziale Mileus: Wippermann (2011) und zum Thema Migrationshintergrund in Deutschland: Fereidooni (2011)

1.2.4 Traumatisierende Biographien inmitten einer Wohlstandsgesellschaft

In Deutschland wachsen viele tausend Kinder und Jugendliche z. T. über Jahre unter traumatisierenden Verhältnissen bei ihren (gewalttätigen, süchtigen oder vernachlässigenden) leiblichen Eltern auf. In vielen Fällen werden die misshandelten oder verwahrlosten Kinder, wenn die Familien durch das Jugendamt betreut sind, in Pflegefamilien oder in einem Heim untergebracht.

Obwohl die Ermöglichung einer Lebensperspektive der gefährdeten Kinder und Jugendlichen gemäß §§ 32 und 37 des SGB VIII vorgesehen ist, herrscht im Pflegekinderwesen in Deutschland hinsichtlich der Planung von Kontinuität bei der Unterbringung von Kindern, die in schädigenden Umständen leben müssen, allerdings große Unsicherheit und wenig Verfahrenssicherheit (vgl. Diouani-Streek 2011). Wenn die Eltern nämlich in ihrer psychischen Verfassung entsprechende Fortschritte machen und Umgangsrechte bzw. die Betreuung ihrer Kinder verlangen, erhalten sie in der Regel die Verantwortung für ihre Kinder zurück. Die Kinder ziehen wieder zuhause ein. Nach einiger Zeit „geht es" dann häufig wieder einmal „nicht mehr" und die Kinder müssen erneut in Obhut genommen werden. Eine ähnlich erfolgreiche Perspektivplanung für die betroffenen Kinder, wie sie sich in den USA in Form der „permanency planning" in den letzten Jahren zum Guten entwickelt hat (vgl. Salgo 1987), gibt es in Deutschland nicht. Grund hierfür sind trotz eines umfangreichen Handbuchs des DJI zur Kindeswohlgefährdung (Kindler et al. 2006) rechtliche Verfahrensunsicherheiten und Fragen nach fachlichen Expertisen (vgl. Diouani-Streek 2011; Salgo & Zens 2011). Darunter leiden in erheblichem Umfang die betroffenen Kinder, die nicht selten einen Großteil ihrer Kindheit und Jugend in Angst und Schrecken und z. T. unter körperlichen Qualen verbringen müssen und weder zu ihren sie misshandelnden Eltern, noch zu vorübergehenden oder wechselnden

Pflegeeltern dauerhafte Bindung aufbauen können. Die erschütternden Schicksale toter Kinder, die uns in den letzten Jahren über die Medien erreichten, ereigneten sich in deutlicher Mehrzahl in Familien, die durch ein Jugendamt betreut waren. Allerdings ist die Dunkelziffer groß.

Andere Kinder sind aus ihrer Heimat geflohen. Entweder mit Verwandten oder auch alleine. Bis zum Juli 2012 wurden in Deutschland insgesamt 33 457 Asylanträge gestellt. Die Quote der Antragsstellung ist stark rückläufig. 1995 baten noch 166 951 Menschen um Aufenthaltsgenehmigung (Statista 2012c). Die Flüchtlinge kommen in Mehrzahl aus Afghanistan, Irak, Serbien, Iran und Syrien – Länder, in denen Krieg und Not herrschen. Die Hälfte der Antragsteller ist jünger als 16 Jahre. In Deutschland haben in den letzten Jahren allein 250 000 ehemalige Kindersoldaten Zuflucht gesucht. Ihre Schicksale und traumatischen Erlebnisse sind erschütternd. Obwohl sie Opfer schwerster Kriegsverbrechen geworden sind, haben sie häufig im Asylverfahren in Deutschland kaum Chancen. Eine Studie des Kinderhilfswerks *terre des hommes* aus dem Jahr 2003 hatte ergeben, dass insbesondere diese unbegleiteten Flüchtlinge wenig Chancen auf ein erfolgreiches Asylverfahren haben (Rister 2003).

Unter einem Trauma versteht man allgemein eine seelische Verletzung, die durch extremes psychisches Stresserleben verursacht wird. Traumatisierende Ereignisse können in zwei Formen auftreten: Typ I beschreibt kurzandauernde Ereignisse existentieller Bedrohung, einer Gewalterfahrung, einer Todesangst oder eines unbeschreiblichen

Tabelle 3: Traumata und Dauer der Ereignisse

Typ I-Traumata	Typ II-Traumata
Kurzandauernde Ereignisse, akute Lebensgefahr – überraschend und plötzlich	Längerdauernde, wiederholte Einzelereignisse, die als Dauerzustand erlebt werden
z. B. Naturkatastrophen, Unfälle, technische Katastrophen und kriminelle Gewalterfahrungen	z. B. Geiselhaft, mehrfache Folter, Krieg, Kriegsgefangenschaft, wiederholte Gewalterfahrungen, z. B. Missbrauch und Misshandlung, chronische Krankheit und Schmerzen

Schreckens. Diese Ereignisse treten überraschend und plötzlich ins Leben und hinterlassen möglicherweise ein Trauma. Als Typ II der traumatisierenden Ereignisse werden längerdauernde und wiederholte Einzelereignisse beschrieben, die auch als eine Art Dauerzustand empfunden werden.

Dabei müssen a) die primäre Traumatisierung (= das eigene Erleben) und b) die sekundäre Traumatisierung (= die Miterlebenden-Perspektive als Zeuge, Helfer, Angehöriger oder zufällig Verschonter) unterschieden werden (Simon 2009, 42). Hinsichtlich der Ursache von Traumatisierungen lassen sich die menschlich verursachten von den nicht menschlich verursachten unterscheiden.

Tabelle 4: Traumata und Verursachungsquellen

Menschlich verursachte Traumata („man made disasters")	Katastrophen-, berufsbedingte und Unfalltraumata
Sexuelle/körperliche Misshandlungen in der Kindheit, kriminelle und familiäre Gewalt, Vergewaltigungen, Kriegserlebnisse, zivile Gewalterlebnisse (Geiselnahmen), Folter und politische Inhaftierung	Technische Katastrophen, berufsbedingte Katastrophen (z. B. Militär, Polizei, Feuerwehr), Arbeitsunfälle, Verkehrsunfälle, chronische und schmerzhafte Erkrankungen

Zeigt sich nach einem extrem belastenden Ereignis oder einer Lebenssituation außergewöhnlicher Bedrohung eine verzögerte oder verlängerte Stressreaktion, liegt nach DSM-IV TR (309.81) oder ICD-10 (F43.1) eine posttraumatische Belastungsstörung vor. Diese ist „akut", wenn das Ereignis weniger als drei Monate, „chronisch", wenn die Belastung mindestens drei Monate und „verzögert", wenn das Ereignis mehr als sechs Monate zurück liegt. In einem derartigen Zustand des Dauerstresses befindet sich der Körper in einem „Kämpf-um-dein-Leben-oderfliehe!"-Modus, der sich in verschiedenen konkreten Körperreaktionen niederschlägt: Das Gehirn stellt blitzschnell Alarmstoffe bereit, der Körper wird überschwemmt von Kaskaden von Hormonen (Adrenalin und Kortisol), die Muskelspannung nimmt zu, die Atmen- und Herzfrequenz steigt, Sexualtrieb und Immunsystem werden weitgehend zurück gefahren und stattdessen Schutzreaktionen eingeleitet: Blutgerinnung,

Schwitzen und Opiatausschüttung zur Schmerzlinderung und Wachheit. Eine solche körperliche Verfassung stellt einen dauernden Ausnahmezustand dar. Der betreffende Mensch kommt nicht zur Ruhe, leidet unter Schlaf-, Ess- und Angststörungen, durchleidet die Traumata wiederholt in Träumen und ist akut suizidgefährdet.

Bei Kindern äußern sich Stressreaktionen im Alter zwischen 1 bis 5 Jahren in Daumenlutschen, Bettnässen, Dunkelangst, Angst vor Tieren, Klammern, Verlust der Darm- und Blasenkontrolle, Verstopfung, Stottern/Stammeln, Appetitlosigkeit oder Heißhunger, Schwitzen.

Stressreaktionen bei Kindern im Alter zwischen 5 und 11 Jahren zeigen sich in: Desorientierung, Jammern, Aggressivität, Alpträumen, Schulangst, Fingernägel kauen, Autoaggressionen, sozialem Rückzug, Interessenlosigkeit, Konzentrationsmangel und Lernunfähigkeit, Schwitzen, unsicherem Bindungsmodell.

Und als sei das alles nicht genug, gehen manche amtlich Zuständigen der Bundesrepublik und insbesondere einzelner Bundesländer mit denjenigen, die in unserem Land Zuflucht suchen, weil sie in ihrer Heimat mit Verfolgung, Folter und qualvollem Tod rechnen müssen, bisweilen nahezu menschenverachtend um. Im Umgang mit Flüchtlingen scheint Abschreckung zur obersten Leitlinie des politischen Handelns geworden zu sein. In ihren Maßnahmen zur „Verhinderung materieller Anreize" überboten sich die Bundesländer wechselseitig (Apitzsch 2010, 83). In einer bayerischen Stadt am Main beispielsweise, auf deren Stadtgebiet knapp 60 Gebäude der großen christlichen Kirchen stehen, müssen vor Verfolgung geflohene Mitmenschen jahrelang mit bis zu zehn fremden Personen in einer ausrangierten Kaserne hausen, ohne dass ihnen erlaubt wird, eigenes Geld zu verdienen oder eine Ausbildung zu machen (Przybilla 2012). Sie bekommen Essenspakete zugewiesen, als seien sie Tiere, und müssen als erwachsene Menschen ohne Privatsphäre leben – auf unbestimmte Zeit, denn eine Auskunft darüber, ob und wann ihr Asylantrag positiv beschieden werden wird, bekommen sie in der Regel nicht. Die verzweifelten Hungerstreiks der Flüchtlinge aus dem Iran in Würzburg im Frühjahr 2012 und die Reaktionen darauf zeigen in erschreckender Deutlichkeit, wie ignorant und teilweise spöttisch sich einzelne deutsche Politikerinnen und Politiker öffentlich über die notvolle Situation von Flüchtlingen in Deutschland äußern. Das Szenario im Jahre 2012 mitten im wohlhabenden Deutschland lässt einmal mehr deutlich werden, wie aktuell Theodor W. Adornos *Studien zum autoritären Charakter* aus den 1940er Jahren noch heute sind (Adorno 1995). Regelmäßig ertrinken Menschen auf der Flucht vor Verfolgung und Hungertod nach Europa und ebenso regelmäßig werden immer wieder durch die Abschiebung Familien auseinandergerissen. Adorno warnt in seinem Werk vor der Identifikation mit Machthabern, die andere Menschen herabsetzen und einschüchtern. Er warnt vor der Bereitschaft, Menschlichkeit einer allzu eifrigen Verbundenheit mit vermeintlich althergebrachten Wertorientierungen zu opfern. Aber genau das geschieht in Deutschland. In *Facebook* wurden die Zustände mit Hinweisen auf kriminelle Ausländer, auf dokumentierte Fälle von Sozialschmarotzern, auf die engen Staatsfinanzen oder auch auf die eigenen Wehrdienstleistenden, die in früheren Jahren ebenso in diesen Unterkünften leben mussten, bedauert. An dieser Stelle rückt ein weiteres Werk Theodor W. Adornos in Erinnerung. Er spricht vom *Jargon der Eigentlichkeit* (Adorno 1964) und beschreibt eine Sprache, die vom unmittelbaren Wortsinn tadellos erscheint und richtige Sachverhalte schildert, aber durch – man würde heute sagen – den O-Ton geeignet ist, Zuhörer und Leser zu täuschen. Der beabsichtigte Sinn dieses Jargons ergibt sich nicht aus dem nachweisbaren Inhalt, sondern wird vom Geist der Beiträge getragen. Die Aussageabsicht wird gespürt und akzeptiert. Der Bayerische Rundfunk und die bundesweite Tagespresse informierten täglich, und als sich schließlich zunehmend mehr Menschen mit den Flüchtlingen solidarisierten, wurden Internetkommentare gelöscht und Aussagen relativiert.

Selbst wenn es keine positiven Beispiele von ehemaligen Asylanten gäbe, die nach wenigen Jahren regelmäßig einen großen Betrag an Steuern in Deutschland bezahlen und mehrere Angestellte beschäftigen, weil sie eine erfolgreiche Existenz gründen konnten (Przybilla 2012), ist es unbegreiflich, dass in einem christlich geprägten Land so offensichtlich unbarmherzig mit Notleidenden umgegangen wird. Jeder deutsche Bürger sollte erschrecken, denn er weiß jetzt, wie kaltherzig zuständige Sozialpolitiker sein können, wenn sie mit konkreter menschlicher Not konfrontiert werden. Noch mehr: Er weiß jetzt, wie soziale Ungerechtigkeit in schönen Worten manifestiert wird. Der Sozialpsychologe Klaus Ottomeyer spricht sogar von einem respektlosen, entwertenden, schikanierenden und manchmal sogar sadistischen Umgang der Gesellschaft mit den Opfern von Gewalt (Ottomeyer 2011, 9).

Literaturempfehlung

Zum Thema Trauma und Traumatisierung: Egle et al. (2004); Endres & Biermann (2002) und zum Thema Kinderflüchtlinge: Dieckhoff (2010)

1.2.5   Risikofamilien und bindungsbenachteiligte Kinder

Pascal wird im Oktober sieben. Er hat eine fünfjährige Schwester: Sarah, mit der er gemeinsam mit seiner Mutter in der Nähe von Frankfurt wohnt. Vor zwei Jahren sind sie aus Amerika gekommen. Seinen Papa haben sie dort gelassen. Sie hatten sich in den Jahren davor nur noch gestritten. Pascals Vater, Bruce, war Soldat in Heidelberg gewesen. Er und Pascals Mutter hatten kurz vor Sarahs Geburt geheiratet. Nach der Schließung des amerikanischen Stützpunktes in Deutschland zog die ganze Familie in die amerikanische Heimat von Bruce. Dort nahm das Unglück seinen Lauf. Es gab auf einmal nur noch Fernsehen, Abhängen und Videospiele – bis Pascals Mutter die Koffer packte und mit den Kids in die Nähe ihrer Eltern nach Hessen zog. Sie steht ohne Ausbildung, ohne Job – und mittlerweile auch nahezu ohne Nerven für ihre Kinder da. Und Pascal ist ein furchtbares Kind. Im Kindergarten mischt er alles auf, ist total unbeliebt, weil er immer alles kaputt macht und sich außerdem andauernd jedem Kind und jeder Erzieherin an den Hals wirft. Er hält keine Distanz und ist gleichzeitig oft aggressiv. Ruth, die Mutter, ist zum Kinderarzt gegangen. Der bescheinigt Pascal eine Aufmerksamkeitsstörung und Hyperaktivität. Außerdem vermutet er ein unsicheres Bindungsmuster. Alles kein Beinbruch – aber „wir müssen dran bleiben". Wie soll Ruth da „dran bleiben"? Sie muss ganz grundsätzlich sehen, wie sie ihr Leben als Alleinerziehende ohne Ausbildung auf die Reihe kriegt.

In Deutschland werden derzeit mehr als 7 % der Haushalte von alleinerziehenden Frauen und rund 2 % von alleinerziehenden Männern bestritten. Im Jahr 2010 lebten rund 1,6 Millionen Alleinerziehende im Bundesgebiet (BMFSFJ 2011), davon 5,8 % Mütter und 0,4 % Väter mit drei oder mehr Kindern, 23 % Mütter und 1,9 % Väter mit zwei Kindern und 61,2 % Mütter und 7,8 % Väter mit einem Kind. Von allen armutsgefährdeten Kindern in Deutschland wächst jedes zweite in einer Ein-

Eltern-Familie auf. Zu den Risikofamilien werden in Deutschland Familien gezählt, die z. T. eine Kumulation spezifischer Probleme aufweisen:

- schwere und chronische Krankheit eines Mitglieds der Familie
- Verlust eines Elternteils durch Tod oder Trennung
- Ein-Eltern-Familie
- Arbeitslosigkeit, Armut und Perspektivlosigkeit
- hohe finanzielle Schulden
- sozial randständige und problematische Wohngegend
- hohe Kinderzahl
- sehr junge Eltern und/oder niedriger Bildungsstand
- Migrationshintergrund
- Gewalt und Süchte in der Familie
- Drogenabhängigkeit oder psychische Erkrankung der Eltern.

Das Aufwachsen in einer Risikofamilie hat für Kinder nicht zwangsläufig Entwicklungsstörungen zur Folge. Allerdings zeigt sich, dass in sensiblen Entwicklungsphasen wenig Einfühlungsvermögen von Seiten der Eltern Spuren in den Bindungsmustern der Kinder hinterlassen. Das mangelnde Feingefühl der Eltern ist in vielen Fällen mit der hohen Belastung durch die verschiedenen Stressoren im Alltag zu erklären. Allerdings sind Kinder im Alter zwischen 0 und 6 Jahren auf Gedeih und Verderb auf ihre primären Bezugspersonen angewiesen. Prägender als der plötzliche (vielleicht auch traumatische) Verlust einer Bezugsperson wirkt sich unstetes, unzuverlässiges oder abweisendes Verhalten der Bezugsperson auf die Ausbildung eines eigenen Bindungsmusters aus. Der Sonderpädagoge Pierre Walther spricht in diesem Zusammenhang sogar von „bindungsbenachteiligten Kindern" (Walther 2009). Ein heranwachsender Mensch entwickelt feste Vorstellungen davon, wie Beziehungen im Leben grundsätzlich gestaltet sind. Je nach früher Prägung scheint es für ihn im weiteren Leben „normal", von unsicheren Bindungskonstellationen auszugehen. Der unsicher gebundene Mensch erwartet in Belastungssituationen keinen Trost und keine Hilfe von Bezugspersonen oder reagiert sogar aggressiv und aufdringlich. In unbelasteten Situationen gestalten unsicher gebundene Menschen Beziehungen häufig in einer Weise, dass ihr Verhalten von beteiligten Personen als unangemessen empfunden wird – z. B. als aufdringlich/distanzlos oder als zurückgezogen/in sich gekehrt.

Tabelle 5: Arbeitsmodelle von Bindungsmustern im Überblick (vgl. Ellinger 2007b)

Bindungsmuster Häufigkeit	Die primären Bindungsfiguren werden empfunden als …	Verhalten des Kindes in nicht belastenden Situationen Das Kind …	Verhalten in Belastungssituationen Das Kind …
B sicher „balanced" ca. 60 % der Kinder	feinfühlig, zuverlässig, verfügbar, unterstützend	sucht und wahrt Kontakt zur Bindungsfigur, ist in der Lage, eigene Gefühle auszudrücken, kann alleine spielen, ist sozial kompetent und selbständig, zeigt angemessenes Verhalten Fremden gegenüber.	sucht Trost und Unterstützung bei der Bindungsfigur und ist in an angemessener Zeit zu trösten.
A unsicher-vermeidend „avoiding" > 20 % der Kinder	zurückweisend, nicht unterstützend, ignorierend, gleichgültig	zieht sich bei zu großer Nähe zurück, verhält sich beziehungsvermeidend, spielt und beschäftigt sich lieber alleine.	sucht keinen Trost und keine Hilfe bei anderen Personen, sondern hilft sich selber oder lenkt sich ab. Zeigt wenig Emotionen und bisweilen Aggressionen gegen die Beziehungsperson. Zeigt gesteigertes Kontrollbedürfnis, Verlassenheitsgefühle.
C unsicher-ambivalent „crying" < 10 % der Kinder	unzuverlässig, unberechenbar, wechselhaft je unterstützend oder zurückweisend	versucht, die Bindungsperson zu kontrollieren. Fordert ständig Aufmerksamkeit, klammert häufig und ist nicht in der Lage, Gefühle angemessen auszudrücken. Zeigt starke Reaktion auf Trennung. Ist nicht in der Lage, Nähe und Distanz angemessen zu leben und ein gleichbleibendes Zuneigungsverhalten aufzubauen. Vermeidet starke Gefühle.	klammert und betont die Hilflosigkeit gegenüber der Bindungsperson. Ist sehr ängstlich und bisweilen sehr aggressiv gegenüber der Bindungsperson.
D desorientiert Desorganisiert „disoriented" 5–10 % der Kinder	Gefahr, bedrohlich, unberechenbar, Quelle von Angst	ist nicht in der Lage, sich selbst als konstant zu erleben oder ein kohärentes Bindungssystem aufzubauen. Zeigt undifferenziertes Bindungsverhalten. Zwei Untergruppen: Klammern und übermäßige Anpassung. In höherem Alter entwickeln sich zwei Verhaltensmuster: Fürsorglich-kontrollierend (internalisierende Störungsmuster) und strafend-kontrollierend (externalisierende Störungsmuster).	erlebt hohen Stress und zeigt widersprüchliche Verhaltensweisen. Es steht kein organisierter Abwehrmechanismus zur Verfügung. Keine Affektregulation möglich, „segregierte Systeme" brechen auf. Bei Stress erfolgt der Zusammenbruch der Verhaltens- und Aufmerksamkeitsstrategie. Problemlösungen sind eher external orientiert.

Literaturempfehlung

Zum Thema Sozialisation und Risiko: Hurrelmann et al. (2008) und zum Thema Bindungsstörungen: Brisch (2011)

1.3 Soziale Benachteiligung im deutschen Schulsystem

1.3.1 Die zunehmende soziale Spaltung in Deutschland

Die sozialen Benachteiligungen im deutschen Schulsystem bilden im Wesentlichen die zuvor erläuterten Benachteiligungen in der Gesellschaft ab. Außerschulische Benachteiligung bleibt leider entgegen vieler politischer Vorhaben und Versprechungen für die schulische Laufbahn selten folgenlos. Die zunehmende soziale Spaltung in Deutschland und die erläuterten Folgen können heute als konsensfähig angesehen werden. Eine neue Studie des Dortmunder Instituts für Schulentwicklungsforschung (IfS) ging der Frage nach, wie schwache Kinder gefördert werden und wie die Schulsysteme der Länder mit Vielfalt unter der Schülerschaft umgehen. Die Ergebnisse dieser Studie unterstreichen die Erkenntnis, dass Kinder armer und sozial marginalisierter Eltern nach wie vor in allen Bundesländern deutlich geringere schulische Chancen haben als Kinder von deutschen Akademikern. Auch Kinder mit Migrationshintergrund haben weiterhin massive Nachteile im Vergleich zu Kindern ohne Migrationshintergrund. Nach wie vor besteht eine starke Abhängigkeit zwischen sozialer Herkunft und Bildungserfolg (Bos 2012). Ganz offensichtlich schlagen sich die in den vorausgehenden Kapiteln dargestellten gesellschaftlichen Benachteiligungskontexte auf die schulische Laufbahn der Kinder nieder (vgl. Beermann 2012, Reith 2012).

Vor diesem Hintergrund und vor dem Hintergrund des aktuellen Fachdiskurses (vgl. u. a. Auernheimer 2006; Fereidooni 2011; Gomolla & Radtke 2002; Liebau & Zirfas 2008) klingen die Worte des Präsidenten des Deutschen Lehrerverbandes wie Hohn und es provoziert, wenn er schreibt: „Die Debatte um die angebliche soziale Ungleichheit des deutschen Schulwesens geht völlig in die Irre. Der Bildungserfolg hängt schließlich in erster Linie von den Erziehungszielen der Eltern und der Lernbereitschaft der Kinder ab. (...) Wer das entsprechende Leistungsvermögen und die entsprechende Lernbereitschaft mitbringt, kann das Abitur machen, egal aus welcher Familie er kommt; man muss es eben nur wollen" (Kraus 2005a). Ein Blick auf den schulischen All- tag, den Familienreport der Bundesregierung (BMFSFJ 2011) und die neueren Studienergebnisse zur Bedeutung der sozialen Herkunft für den Schul(miss-)erfolg machen schnell deutlich, dass in Deutschland nicht nur viele begabte Kinder aus benachteiligenden Elternhäusern wenig Schulerfolg erzielen, sondern dass umgekehrt Kinder, die weni- ger begabt sind, aber aus einem unterstützenden Elternhaus kommen, erfolgreiche Schullaufbahnen absolvieren (Büchner 2008). Mit anderen Worten: Wenn ein Lehrer oder der Präsident eines Lehrerverbandes an- derslautende Thesen äußert, setzt er sich dem Verdacht aus, der Schule als Institution eine Integrationsleistung gutschreiben zu wollen, die sie bislang nachweislich nicht erbracht hat. Die entscheidenden Knack- punkte für betroffene Schüler liegen in beschreibbaren Problemfeldern.

1.3.2 Kinder aus armen Verhältnissen werden abgehängt

In der Schule ist Armut nicht zuerst eine Zahl auf dem Konto, sondern die permanente Erfahrung von Ausgrenzung und Missachtung. Die be- troffenen Kinder haben häufig nicht die Möglichkeiten, im umfängli- chen Sinne am schulischen Leben und an der Schulgemeinschaft teilzu- haben. Die Gründe sind vielfältig. Zum einen fehlt es am nötigen Geld, um hinsichtlich der Kleidung, der Musik, des Hobbys, der elektroni- schen Ausstattung und vieler anderer alltäglicher Dinge auf dem neus- ten Stand zu sein. Solche Äußerlichkeiten führen u. U. zu mangelnder Akzeptanz in einer Gemeinschaft oder seitens des Kindes zu scheuem Rückzug aus der Gruppe. In vielen Schulen geben Lehrer den Eltern Rat hinsichtlich außerschulischer Lernhilfen. Dazu zählen Materialien zur Vorbereitung auf Schulaufgaben ebenso wie Anlaufstellen für Nachhil- fe und Intensivkurse. Zudem leisten sich arme Familien deutlich selte- ner Vereinsmitgliedschaften und musikalische Förderung ihrer Kinder

(BMFSFJ 2011). Fertigkeiten in Sportarten wie beispielsweise Tischtennis und Skifahren oder die Erfahrung von Urlauben würden neben der positiven Auswirkung auf die körperliche Entwicklung jedoch auch wesentlich zur Integration beitragen. Ebenso fallen Geburtstage negativ ins Gewicht. Die Kinder haben häufig nicht ausreichend Geld, um bei einer Einladung Geschenke zu kaufen, die sie dem Geburtstagskind mitbringen können – und haben vielleicht selber nicht die Möglichkeit, den eigenen Geburtstag zu feiern. Möglicherweise wohnen sie beengt, schämen sich für ihr Zuhause oder haben kein Geld für die Ausrichtung der Feier. Im Laufe der Zeit werden sie dann nicht mehr eingeladen. Persönliche Kontakte und das Eingebundensein in die Klassengemeinschaft bedingen aber häufig über den eigenen Leistungswillen hinaus Schulerfolg, weil sich die Schüler gegenseitig informell im Lernprozess unterstützen. Die Eltern der betreffenden Kinder haben z. T. verschiedene Nebenjobs und Wechselschicht – und zudem häufig selbst den nötigen Bildungshintergrund nicht –, so dass sie ihre Kinder in der Erledigung der Hausaufgaben nicht ausreichend unterstützen können. Armut kann auf diesem Weg zur mangelnden Teilhabe und zum Außenseitertum führen. Reiner Benkmann beklagt vor dem Hintergrund empirischer Befunde aus der Armutsforschung die Tatsache, dass ein Kind aus armen Verhältnissen offensichtlich einer Reproduktion seiner Ausgangslage kaum entkommen kann (Benkmann 2003).

Hinzu kommen unüberschaubare zusätzliche Kosten in der Schule, die selbstverständlich erhoben werden – obgleich in Deutschland offiziell Lehrmittelfreiheit herrscht. In einem Schuljahr im Gymnasium oder in der Realschule können ohne weiteres versteckte Schulkosten von über 600 Euro auf einen Schüler zukommen (Klassenfahrt, Kopiergeld, Theaterbesuch, Busfahrt zum Zirkus, verschiedene Schullektüren, zwei Arbeitsbücher, spezielle Arbeitsgeräte wie beispielsweise der Zirkel einer bestimmten Marke, ein Sozialtraining für die gesamte Klasse, die Fotomappe vom Fotografen letzte Woche und und und). Eltern wie Lehrer wissen, dass diese Zahl nicht zu hoch gegriffen ist. Im neuen *Bildungspaket* der Bundesregierung ist zwar ein großer Teil der Kosten abgedeckt, die den Eltern auf Antrag erstattet werden, allerdings bleibt der Makel, jeden kleinsten Posten beantragen zu müssen, und dennoch bleiben Kosten ungedeckt. Zudem stellen solche versteckten Lehrmittelkosten auch für diejenigen Familien eine große Belastung dar, die weder Hartz IV-Empfänger noch „ausreichend" wenig verdienend sind, um Zuschüsse zu erlangen. Durch solche Situationen entstehen in der Schule Armutsformen, die mittelfristig von der weiteren schulischen Laufbahn ausschließen. An dieser Stelle muss betont werden, dass Kosten wie das regelmäßig wiederkehrende Kopiergeld o. ä. faktisch rechtswidrig erhoben werden. In einer lehrmittelfreien Schule sind Posten wie Kopiergeld abgaberechtlich völlig ungedeckt. Das Problem beginnt schon bei der Einschätzung der vorliegenden Abgabenart, um die es sich hier handeln soll. Wir unterscheiden Steuern, Gebühren und Beiträge. Von den dreien kommt nur die *Gebühr* in Frage. In diesem Fall müsste der Zahlung aber eine konkrete Leistung gegenüberstehen. Welche wäre das? 20 Kopien? 50 Kopien und zwei Arbeitsblätter? Hinzu kommen die fehlende Rechtsbehelfsbelehrung und die Tatsache, dass Schüler in der Regel nie einen Bescheid und nie eine Quittung erhalten. Der schulische Alltag ist voll von derlei versteckten Schulkosten, die erhoben oder ungenannt auf die Elternhäuser abgewälzt werden. Für arme Familien wirken sie bisweilen wie Strafsteuern für Eltern mit schulpflichtigen Kindern – Bemessungsgrundlage: „Anzahl der Kinder". Erfolgsaussicht einer Klage gegen jede Art dieser Kosten liegt vermutlich bei 99 %.

1.3.3 Soziale Milieus unterscheiden Lehrer und Schüler

Soziale Milieus, Migrationshintergrund und Lebensstilgruppen beschreiben Wahrnehmungsmuster und Wertorientierungen, die sozial benachteiligte Kinder aus den unterschiedlichen Milieus maßgeblich von den Lehrkräften unterscheiden. Ähnlich wie sich ein Präsident des Deutschen Lehrerverbandes nicht vorzustellen vermag, wie fundamental einschneidend seine soziale Herkunft die Erfolgsvoraussetzungen eines Kindes in der Schule prägt, haben Lehrerinnen und Lehrer zum Teil Schwierigkeiten, Lebenswelten und Lebenswirklichkeiten und die damit verbundenen Prioritäten in den jeweiligen Milieus und Lebensstilgruppen ihrer Schüler zu erfassen. Die Zugehörigkeit zu bestimmten Milieus und Lebensstilgruppen oder ein bestehender Migrationshintergrund sind nicht *an sich* benachteiligend, sie *werden* es erst durch diskriminierende Systeme und durch mangelnde Professionalität der

Lehrkräfte. Hier spielen Prioritäten und Lebensperspektiven, Interessensentwicklungen und kulturelle Horizonte ganz entscheidende Rollen. Lehrer jeder Schulart sind überzufällig oft in Akademikerfamilien aufgewachsen. Bereits 1964 beklagt Ralf Dahrendorf, dass die Lehramtsanwärter an den Universitäten weit überwiegend aus bürgerlichen Verhältnissen kommen und so später die Kinder der Unterschicht nicht verstehen können (Dahrendorf 1964).

Wenn die Nachkommen von Bürgern aus der gesellschaftlichen Mitte bereits auf dem „ersten Bildungsweg" gefördert werden und begabte Kinder aus bildungsfernen Familien auf aufwändigere Schullaufbahnen im „zweiten Bildungsweg" angewiesen sind, darf diese Notlösung nicht als Chancengleichheit dargestellt werden. Der hier entstehenden sozialen Benachteiligung ist in erster Linie durch Empathievermögen der Lehrer aufgrund solider Kenntnisse von den Werthaltungen in den verschiedenen Milieus zu begegnen. Daneben muss die Erkenntnis treten, dass das eigene Herkunftsmilieu niemals die objektive Wahrheit und die absoluten Werte beanspruchen kann. Dementsprechend sind diese Werte, Geschmäcker, Einstellungen, Lebensziele und Gewohnheiten auch nicht als die Leitwerte in der Schule zu handeln. Eine hilfreiche Institution zur Förderung von Schülerinnen und Schülern aus Nicht-Akademiker-Familien stellt die gemeinnützige und bundesweit aktive Initiative *ArbeiterKind.de* dar. Die rund 4000 ehrenamtlichen Tutorinnen und Tutoren unterstützen Schülerinnen und Schüler dabei, ein Studium aufzunehmen und hinsichtlich der organisatorischen und finanziellen Anforderungen zu bewältigen. Derzeit studieren in Deutschland mehr als 70 % der Akademikerkinder und lediglich 24 % der Schüler aus Nicht-Akademikerhaushalten (Urbatsch 2012). Entsprechend sieht der Output z. B. an Lehrern aus.

Noch dramatischer stellt sich die Lage im Blick auf Personen mit Migrationshintergrund dar. 11,6 % der Bürgerinnen und Bürger mit Migrationshintergrund erreichen keinen allgemeinbildenden Schulabschluss und 46,8 % schließen keine Berufsausbildung ab (zum Vergleich: 1,6 % und 20,1 % ohne Migrationshintergrund). Im Jahr 2008 lebten 15,6 Millionen Menschen in Deutschland mit Migrationshintergrund, wobei zwei Drittel über eigene Migrationserfahrung verfügen und die Hälfte aller Personen mit Migrationshintergrund eine deutsche Staatsangehörigkeit besitzt. Mehr als drei Millionen Deutsche mit Migrationshintergrund wurden bereits in Deutschland geboren (Ramirez-Rodriguez & Dohmen 2010, 289 ff.; Statistisches Bundesamt 2010). Trotz aller formalen Integrationsraten von Kindern mit Migrationshintergrund weisen Mechthild Gomolla und Frank-Olaf Ratke in ihrer Fallstudie nach, dass der mangelnde Schulerfolg großer Schülergruppen nicht auf die Defizite der betroffenen Kinder, ihrer familiären Umwelt oder ihrer „Kultur" zurückzuführen ist. Vielmehr beschreiben die Autoren angefangen bei der Schulanmeldung über den Übertritt auf eine weiterführende Schule bis hin zur Schulentlassung eine spezifische Form *institutioneller Diskriminierung* als durchgängiges Muster der Entscheidungsinstanzen in der Schule (Gomolla & Radtke 2002). An einer derartigen Diskriminierung sind Lehrer beteiligt, indem sie Ungleiche gleich behandeln und in vielen Fällen auch Gleiche ungleich behandeln. Für diese Art Diskriminierung sind aber auch angeblich konsensfähige Kriterien zur Beurteilung und Förderung verantwortlich, die am Ende ungerechte und geradezu paradoxe Effekte erzeugen.

1.3.4 Traumatisierende Biographien verhindern erfolgreiches Lernen

Traumata sind in unserer Gesellschaft trauriger Alltag geworden. Und das, obwohl wir glücklicherweise selbst seit bald 70 Jahren keinen Krieg mehr erleiden mussten. Traumatisierte Kinder inmitten einer Wohlstandsgesellschaft gehen häufig im Schulsystem unter. Flüchtlingskinder besuchen die Schule oft im rechtlichen Graubereich zwischen sieben unterschiedlichen Formen einer denkbaren Aufenthaltsgenehmigung: die Aufenthaltsberechtigung, die befristete und die unbefristete Aufenthaltserlaubnis, die Aufenthaltsbewilligung, -befugnis und -gestattung sowie die Duldung. Bis zum Jahr 2009 waren Kinder und Jugendliche mit „ungeklärtem Aufenthaltsstatus" nicht schulpflichtig und damit faktisch nicht schulberechtigt, ebenso wenig wie jugendhilfeberechtigt. Öffentliche Institutionen hatten die Pflicht, den Aufenthaltsort dieser Kinder anzuzeigen. Bundesweit wurde auf diese Weise so genannten *„illegalen Kindern"* (z. B. Asylbewerbern und Bürgerkriegsflüchtlingen) das Recht auf Bildung verwehrt. Eine ausdrückliche Sicherstellung des Schulrechts der Kinder von Erwachsenen mit ungeklärtem Aufenthaltsstatus gibt es in Deutschland zwar bis heute nicht, allerdings ist in der europäischen Sozialcharta Artikel 17 Satz 2 die Pflicht des Staates festgeschrieben, „Kindern und Jugendlichen eine unentgeltliche Schulbildung in der Primar- und Sekundarstufe zu gewährleisten sowie den regelmäßigen Schulbesuch zu fördern" (Europäische Sozialcharta 1996). Da dieses Recht ohne Hinweis auf einen bestimmten Aufenthaltsstatus der Eltern wirksam ist, können Flüchtlingskinder mit ungeklärtem Aufenthaltsstatus in einer Schule angemeldet werden. Es hängt nun von den jeweiligen Anmelde- und Einschulungsmodi der Schulen in den einzelnen Bundesländern ab, ob sie Adressen etc. verlangen und es die „illegalen" Eltern demnach wagen können, ihre Kinder in den Genuss eines Schulbesuchs kommen zu lassen oder nicht. Häufig ist der Schulbesuch selbst von Kindern mit mutigen Eltern noch mit vielen Schwierigkeiten verbunden, weil die lernenden Kinder aufgrund der Gesamtsituation oft keine Chance haben, eine persönliche Zukunftsperspektive zu entwickeln. Wenn sie durch extreme Erlebnisse belastet sind, fehlen zudem in den meisten Fällen geeignete Schulformen, Therapieangebote und Fördermöglichkeiten. Ein sicherer Ort und pädagogisch sensible und gut ausgebildete Lehrer sind unabdingbare Voraussetzungen für gelungene Traumaverarbeitung und eine gelingende Integration. Wenn andernfalls dazu noch mangelnde Sprachkenntnisse die Kommunikation zwischen Pädagogen und Kindern erschweren, müssen diese Kinder ohne Zweifel zu den sozial Benachteiligten gezählt werden. Sie sind gut begabt, haben keine körperliche Einschränkung – und haben doch keine Chance.

Deutsche Kinder leiden oft unter den Folgen von Traumatisierungen, wenn sie in Gewaltkontexten leben müssen. Viele Verhaltensstörungen sind Folge von Gewalterfahrungen im eigenen Elternhaus oder in der Verwandtschaft. Aus Sicht des Lehrkörpers „verhalten sich" betroffene Kinder bisweilen „merkwürdig" und „wollen sich nicht einfügen". Wenn Spuren der Gewalt am Körper verheimlicht werden sollen, erwecken diese Kinder häufig zusätzlich den Eindruck, als wollten sie sich verweigern – z. B., weil sie nicht mit zum Sportunterricht gehen oder nie Schwimmsachen dabei haben. Zudem bleibt den Lehrern unverständlich, warum ihre Schülerinnen oder Schüler „schon bei der kleinsten Kleinigkeit ausrasten" oder „kein bisschen belastbar sind". An dieser Stelle wird in der schulischen Praxis häufig die Relevanz einer „advokatorischen Ethik" sichtbar, wie sie von Micha Brumlik (2004) vorgestellt wurde: Verantwortungsvolle Erwachsene übernehmen die Aufgabe, ggf. auch gegen das vorgetragene Interesse der Kinder zu handeln, weil diese häufig eine enge Angstbindung zu den Eltern entwickelt haben. Im Vordergrund muss der Schutz des Kindes stehen. Die Entwicklungsperspektive der Kinder soll Mündigkeit sein, dafür bedarf es bisweilen normativ auftretenden Schutzes durch die Lehrperson, die Anzeichen von Traumatisierung durch gewalttätige oder vernachlässigende Eltern ausmacht und klug und besonnen ggf. Schritte zum Schutz des Kindes einleitet. Die beobachteten äußeren Anzeichen lassen alle nicht zwingend auf ein Verschulden der Eltern schließen, sondern sind lediglich Hinweise auf traumatisierende Erlebnisse, sollten aber nicht ignoriert werden. Die Folge von Traumatisierungen sind externalisierende oder internalisierende Lern- und Verhaltensstörungen (vgl. Hillenbrand 2008; Stein 2011), die sich unter anderem in Lernstörungen niederschlagen können.

1.3.5 Risikokinder haben schlechte Rahmenbedingungen für Schule

Zu den *Risikofamilien* zählen heute sicher in erster Linie sozial randständige Familien. Rolf Werning und Birgit Lütje-Klose (2006; 2012) weisen allerdings zurecht darauf hin, dass im Blick auf die Forschungsergebnisse seit den 1970er Jahren zu keiner Zeit eine lineare Beziehung zwischen sozialer Schicht und Lernbehinderung bestanden hat (Werning & Lütje-Klose 2006, 52). Dies gilt auch im Blick darauf, dass seit Mitte der 1960er Jahre verstärkt über „soziokulturell benachteiligte Kinder" (Begemann 1970) diskutiert wurde. Die so bezeichneten Kinder besuchten damals in der Regel eine Sonderschule für Lernbehinderte. Ihre Familien wiesen konsensfähig spezifische Merkmale auf, die heute auch im Rahmen empirischer Untersuchungen bei Risikokindern und bei Kindern mit manifesten Lernbeeinträchtigungen beschrieben werden (vgl. Benkmann 2007; Elbert & Ellinger 2006, 325 f.; Koch 2004a; 2004b; 2007a; Laucht et al. 2000; Siepmann 1999; Wocken 2000):

* die Familien weisen eine *überdurchschnittliche Kinderzahl* auf und wohnen in beengten und *schlecht ausgestatteten Wohnungen* (z. B.

Sozialwohnungen), häufig in *typischen Stadtgebieten* (so genannte „soziale Brennpunkte"), mit *entsprechender Nachbarschaft* und Lebensgewohnheiten,

- die Väter und Mütter arbeiten in *niedrigen beruflichen Positionen*, häufig herrscht Arbeitslosigkeit oder besteht die Arbeit aus verschiedenen unterschiedlichen Jobs. Das Einkommen ist gering, es steht wenig Geld zu Verfügung – *Armut* ist die Folge,
- der *Gesundheitszustand* der Kinder ist häufig unterdurchschnittlich, die Angebote medizinischer Vorsorge werden nur unzureichend wahrgenommen,
- die *Beziehungen* der Erwachsenen innerhalb der Familie sind häufig instabil – *wechselnde Partnerschaften* oder *Ein-Eltern-Phasen* sind die Folge. Häufig gehen emotionale Unausgeglichenheiten, Gewalt und emotionale Bindungslosigkeit damit einher,
- die *Sprachkultur* in den betroffenen Familien ist häufig defizitär. Entsprechend weist die Sprachentwicklung der Kinder im Vergleich zur Mittelschicht hinsichtlich der Syntax und des Wortschatzes Rückstände auf (restringierter Sprachcode),
- die Familie entwickelt ein *Gefühl der Unterlegenheit*, der Hilflosigkeit, der Minderwertigkeit. Folgen können sein: Antriebslosigkeit, Gleichgültigkeit und Disziplinlosigkeit,
- hinsichtlich der *Lebensgewohnheiten und Verhaltensmuster* orientieren sich die Familien stark an den Unterschichtsmustern,
- in den Familien entwickelt sich häufig eine *desinteressierte und sogar feindselige Haltung gegenüber der Schule* und anderen Bildungseinrichtungen. Entsprechend wenig werden die Kinder in ihren schulischen Bemühungen unterstützt.

Eine anregungsarme, sozial randständige und insbesondere beziehungsunsichere frühe Kindheit stellt für die Entwicklung des Kindes einen maßgeblichen Risikofaktor dafür dar, langfristige Lernbeeinträchtigungen auszubilden (vgl. Grünke 2003; Weiß 2000). In aktuellen Forschungsbefunden zeigt sich, dass Kinder aus solchen Herkunftsfamilien ein hohes Risiko tragen, in der Schule Startschwierigkeiten zu entwickeln oder im späteren Verlauf eine Sondereinrichtung für Lernhilfe zu besuchen (Koch 2004a; 2004b). Schließlich weisen auch Joachim Kahlert und Ulrich Heimlich (2012) darauf hin, dass insbesondere

Kinder im Förderschwerpunkt Lernen in der Regel auch Lernprobleme im Bereich basaler Kompetenzen wie Aufmerksamkeit, Konzentration, sowie sozialer und emotionaler Kompetenz aufweisen.

2

Pädagogische Förderung als Beruf

2.1 Zur Beschaffenheit von Nährböden für soziale Benachteiligung

Wenn wir nun nach der konkreten Beschäftigung mit unterschiedlichen Dimensionen der sozialen Benachteiligung in der Welt und in Deutschland den Mut haben, wieder einen Schritt zurückzutreten und uns mit dem Problemfeld der professionellen *Förderung* bei sozialer Benachteiligung zu beschäftigen, soll dies unter einem Blickwinkel geschehen, der theoriegeleitet wichtige Problemfelder in der pädagogischen Arbeit beleuchtet und dabei Nährböden für soziale Benachteiligung in einem an sich auf Förderung und Unterstützung ausgerichteten Berufsfeld aufspürt. Kapitel 2 ist also als Rückbesinnung auf einige grundsätzliche Inhalte pädagogischer Professionalität in der Schule und zugleich als Versuch zu verstehen, Bedingungskonstellationen zu identifizieren, die ungewollt soziale Benachteiligungen möglich machen bzw. diese sogar fördern.

Es soll um Nährböden für soziale Benachteiligung gehen. In der Biologie werden grob zwei Formen von Nährböden unterschieden. Die „definierten Nährmedien" dienen durch ihre Beschaffenheit und Zusammensetzung der Aufzucht genau bestimmter Mikroorganismen. Andere Stämme finden auf diesen Böden nicht die notwendige Nahrung. Spezielle Sonderformen der definierten Medien („Minimalmedien") verhindern sogar z. B. durch die zusätzliche Anreicherung von Antibiotikum im Boden das Wachstum unerwünschter Mikroorganismen. Die „komplexen Nährmedien" beinhalten eine nicht näher bestimmte Zusammensetzung (z. B. Hefekultur oder Fleischextrakte) und ermöglichen unterschiedlichen Mikroorganismen die Ansiedelung. Je nach Anforderung der Organismen und vorfindlichen Bedingungen kann Wachstum stattfinden oder nicht.

Wann entsteht auch in der Schule soziale Benachteiligung? Einerseits ist klar geworden, dass soziale Benachteiligung nicht in jedem Fall ursächlich in der Schule entsteht. Für einen großen Teil der Schicksale betroffener Familien sind globale und gesellschaftliche Entwicklungen und Prioritäten verantwortlich. Eine zweite Gruppe Betroffener ist dagegen hausgemacht. Es sind die Opfer der institutionellen Diskriminierung, die innerhalb unserer Schule stattfindet. Hier bildet sich „im Kleinen" ab, was sich in unserer Gesellschaft und auch weltweit im negativen Sinne „bewährt" hat. Wenn es später in Kapitel 3 um die Förderung sozial benachteiligter Kinder und Jugendlicher in der Schule gehen wird, sind die Möglichkeiten, das Übel sinnvollerweise an den großen systemischen Wurzeln zu packen, sehr begrenzt. Selbst die Forderungen nach gebundenen Ganztagsschulen und sinnvollen Konzepten für inklusive Schulen haben nicht zu wesentlichen Veränderungen in der Schullandschaft geführt, weil offensichtlich doch nicht so viel Geld ausgegeben werden soll. Es wird bei der Förderung also auf die Lehrkräfte und ihre ganz individuelle Arbeit ankommen. Auf sie entfällt die ehrenvolle, aber auch schwierige Aufgabe, Kinder zu fördern, die vom Leben, von der Gesellschaft, von den Institutionen und in nicht wenigen Fällen auch von den eigenen Eltern schlecht behandelt werden. Sie bekommen nachweislich nicht die gleichen Ausgangschancen zugebilligt wie andere Kinder ihres Alters in unserem Land. Das ist eine heikle Situation, die leicht auch zu wiederkehrenden Entmutigungen und Missverständnissen auf beiden Seiten führen kann. Notwendig sind professionelle

Kompetenzen, die kompatibel sind mit den komplexen Anforderungen der gestellten Aufgabe.

Wenn es um „Nährböden" für soziale Benachteiligung und die Professionalität der Lehrer geht, soll dies nicht den Eindruck erwecken, dass etwa Lehrer soziale Benachteiligung begünstigten. Dass dies nicht gemeint ist, sollte bisher klar geworden sein. Vielmehr spielt der Vergleich darauf an, dass bisweilen Umstände unbeabsichtigt verschiedenen „Gewächsen" Nahrung bieten. Der involvierte Professionelle kann sich durch rechtzeitige Reflexion und Besinnung auf die besonderen Anforderungen vorbereiten.

Soziale Benachteiligung gedeiht – um im Bild zu bleiben – schulischerseits auf einem Nährboden, der u. a. folgende Inhaltsstoffe trägt

- das Nähe-Distanz-Problem ist ungelöst und soll individuell „von-Fall-zu-Fall" geklärt werden,
- die Lebenswelten der Schüler und Pädagogen stehen unabhängig nebeneinander und sind z. T. auch unbekannt, und drittens:
- Erfahrungen und persönliche Sichtweisen sind zentrale Argumente in Diskussionen und Meinungsfindungsprozessen.

Die folgenden Handlungsfelder sind in Spannungsverhältnissen gedacht. Der Soziologe Fritz Schütze (Breidenstein & Schütze 2008; Schütze 2000) arbeitet seit vielen Jahren erfolgreich nach der Leitidee, Problemfelder anhand beteiligter Paradoxien zu strukturieren. Die Idee hat ihren Charme darin, dass durch die Bildung von Gegensatzpaaren das eigentliche Problem leichter auszumachen ist. Extreme sind häufig ohnehin nur eine Art Hintergrund, vor dem dann umso klarer die Figur des eigentlich interessanten Themas deutlich werden kann. So wollen wir es auch im Folgenden halten.

2.2 Berufsfeld zwischen Familienerziehung und Selbsterziehung

Lehrerinnen und Lehrer sind Profis. Daran besteht kein Zweifel. Ihr Beruf ist es, Kinder und Jugendliche zu unterrichten, sie zu bilden und auszubilden und sie so zu fördern, dass sie ihre Begabungen entdecken und den optimalen Bildungsweg beschreiten können. Lehrer sind also professionelle Erzieher, Bildungsförderer und Fachleute für das Lernen (vgl. Lemke et al. 2000). In der Professionalisierungsdiskussion herrscht seit langem eine Art Minimalkonsens über der Beschreibung dessen, was „den Profi" allgemein ausmacht (vgl. Kurtz 2005; Pfadenhauer 2005). So scheint klar, dass jemand, der sich in einem akademischen Beruf als „professionell arbeitend" bezeichnen will ...

- eine theoretische und wissenschaftlich fundierte Ausbildung genossen haben sollte,
- über spezifisches Sonderwissen verfügen soll, das ihn in die Lage versetzt, auftretende Probleme spezialisiert zu lösen,
- allgemein gültige berufsspezifische Normen und Ziele kennen und umsetzen muss und schließlich
- Plattformen und Fortbildungsangebote einschlägiger Berufsverbände und Interessensvertretungen zur eigenen Weiterbildung nutzt.

Wer im Rahmen seiner beruflichen Aufgaben handelt, tut dies demnach dann professionell, wenn er seine besondere Handlungskompetenz durch Formalbildung, durch reflektierte Berufserfahrung und durch die Kenntnis aktueller Theorien und neuerer Forschungsergebnisse erworben hat und ständig erwirbt.

Wie lässt sich nun pädagogisches Handeln als professionelles Handeln bestimmen? Was tun und wie argumentieren Pädagogen, wenn sie professionell arbeiten? Für Hermann Giesecke (1993) und Jochen Kade (1997) erschöpft sich das Professionell-Pädagogische in der kompetenten Vermittlung von Lerninhalten. Dies kann auf schulische und außerschulische Zusammenhänge bezogen werden und ist dann vollkommen, wenn Unterrichtsinhalte stimmig und methodisch gut dargeboten und Lernangebote zielgruppenorientiert und erfolgreich vermittelt werden. Ein guter und professionell arbeitender Pädagoge ist also in dieser Auffassung ein effektiver Erklärer bzw. Unterrichter. Klaus Prange und Gabriele Strobel-Eisele (2006) wollen allerdings den Begriff des professionellen pädagogischen Handelns erweitert wissen. Sie verwenden „pädagogisches Handeln" und „Erziehen" synonym. Die verschiedenen Formen pädagogischen Handelns lassen sich dann sowohl in schulischer Lehre als auch in der Verhandlung über Lebenswandel und ethische Grundsätze – und sogar im Einüben von Tugenden wiederfinden. Unter „Erziehung" allgemein verstehen wir konsensfähig all diejenigen Maßnahmen, die einem Menschen helfen, Mündigkeit und Autonomie zu erlangen (vgl. Böhm 2000), und ihn in die Lage versetzen, gute oder sogar richtige Entscheidungen zu treffen. Erziehung betrifft den Menschen in seinem individuellen, in seinem sozialen und in seinem kulturellen Sein.

Dieser ganzheitliche Anspruch der Erziehung und Bildung ergibt sich aus den verschiedenen Dimensionen, innerhalb derer der Mensch in seinen unterschiedlichen Lebensphasen zu beschreiben ist. Er begegnet uns einerseits als Individuum mit ganz eigenem Charakter, hat andererseits als Sozialwesen einen bestimmten Platz und bestimmte Rollen in der Gesellschaft und kann drittens auch als sittliches Kulturwesen beschrieben werden. Damit ist Erziehung als solche einerseits anthropologisch bedingt – also vom Wesen des Menschen her gefordert – und andererseits kontext-reaktiv, also jeweils auf aktuelle Geschehnisse ausgerichtet (vgl. Sünkel 2011).

Für unsere Fragestellung bedeutet dies nun folgendes: Zum einen ist Erziehung notwendig. Der Mensch wird als Mängelwesen geboren und kann ohne Erziehung, ohne persönliches Gegenüber aus Fleisch und Blut, ohne Förderung vis-a-vis nicht überleben. Er braucht Hilfe, um letztendlich ein selbständiges Leben führen zu können. Diese Hilfe erhält er im Rahmen seiner Familienerziehung von seiner Geburt bis zur Einschulung und darüber hinaus. Andererseits reagiert Erziehung aber auch auf Missstände. Sie interveniert, wenn Verhalten auffällig ist, und sie wird aktiv, wenn im sozialen Miteinander oder in der individuellen Verarbeitung von Erlebtem etwas schief läuft. Dann ergreift der Erzieher Partei, fördert und unterstützt, verhandelt mit dem Jugendlichen und stellt Fragen. Erzieher und Edukand arbeiten in der konkreten Herausforderung gemeinsam an der Mündigkeit und Autonomie des Kindes, zunehmend des Schulkindes und des Jugendlichen. Im Rahmen der Schulerziehung handeln sie aus, wie sich der heranwachsende Mensch die Welt erschließen kann und wie er seine Handlungsfähigkeit in den verschiedenen Lebenszusammenhängen optimiert. Dazu gehören dann Lernstrategien ebenso wie norm- und wertorientierte Entscheidungen, Gewohnheiten und Vorlieben.

Das individuelle Wissen, Können und Wollen beim Schulkind und Jugendlichen entwickelt sich durch intentionale Erziehung zunächst in der Familie und dann in der Schule. Im späten Jugendalter treten an die Stelle der *Schulerziehung* mehr und mehr die Strukturen einer wachsenden *Selbsterziehung* des jungen Erwachsenen (vgl. Ellinger & Hechler 2012). Was hier aber fast beiläufig klingt, kann nicht deutlich genug betont werden: In der Schule findet in enger Verwobenheit von Lehr-, Lern- und Erziehungsprozessen durch das professionelle pädagogische Handeln der Lehrer die entscheidende Prägung in Richtung Mündigkeit und Autonomie statt. Dabei bildet sich in Kindheit und Jugend die individuelle Plausibilitätsstruktur, eine Instanz, die für bewusste Orientierungen, Prägungen, Bewertungen und Wertschätzung verantwortlich gemacht werden kann (vgl. Ellinger 2002). Auf die Genese dieser Plausibilitätsstruktur wirken a) die innerpsychischen Dispositionen einer Person, wirkt b) das Leben und Erleben in einem spezifischen Familienverband, wirken c) die größeren sozialen Einbindungen und wirken d) allgemeine gesellschaftliche und rechtliche Rahmenbedingungen. Abbildung 9 stellt den Aufbau der individuellen Plausibilitätsstruktur und den Bewertungsvorgang eines Menschen dar.

Die einzelne Person folgt der inneren Logik ihres Sinnsystems, welches unterschiedliche Kausalitäten, die Beziehung der einzelnen Elemente untereinander sowie Weltdeutung vorgibt bzw. ermöglicht. Nur psychisch kranke Menschen handeln nicht in diesem Sinne verlässlich „logisch". Die in Kindheit und Jugend entstehenden Verarbeitungs-, Bewertungs- und Motivationsmechanismen werden in den weiteren Jahren kontinuierlich ausgebaut, verfeinert und auch umgebaut. Verbunden mit der Entwicklung einer solchen Plausibilitätsstruktur ist die Transzendierung einzelner Werte, die damit in die Sphäre der Undiskutierbarkeit rücken und nicht neu überdacht werden müssen (vgl. Berger 1991). Das bedeutet: Ein „transzendierter Wert" wird als „gesetzt" behandelt und muss deshalb nicht mehr rational begründet werden. Wir sollten sogar zuspitzen: er *darf* nicht mehr rational begründet werden. Wenn in einer Gesellschaft z.B. Menschlichkeit und Gleichwertigkeit gültige Werte sind, werden in der jeweiligen Erziehung entsprechende Normen abgeleitet. Normen setzen Werte im Alltag um. Das heißt: Der Wert *Gleichwertigkeit aller Menschen* wird in der Erziehung und im Alltag – wenn alles gut läuft – durch die Norm *Hans und Anton dürfen nicht vor Anna und Christine bevorzugt werden* umgesetzt. Sie müssen genau so oft mit dem Tafeldienst an der Reihe sein wie Anna und Christine. Und das, obwohl sie selbst Jungs und zudem ihre Väter vielleicht Schulleiter und Bürgermeister sind. Der Gleichberechtigungsgedanke, der ja zudem auch in der *Normensammlung* namens Grundgesetz festgelegt ist, darf nicht diskutiert werden. Er ist auf diese Weise transzendiert – aus unserer unmittelbaren Immanenz der Diskussionsmöglichkeit genommen. Die Norm – also die Festlegung dessen, *wie* der Wert im Alltag umgesetzt wird – kann allerdings diskutiert werden. Sie ist nicht absolut, sie ist gewissermaßen relativ.

Der Prozess der Transzendierung von Werten hat nun für die Erziehung im Kontext sozialer Benachteiligung insofern Bedeutung, als ne-

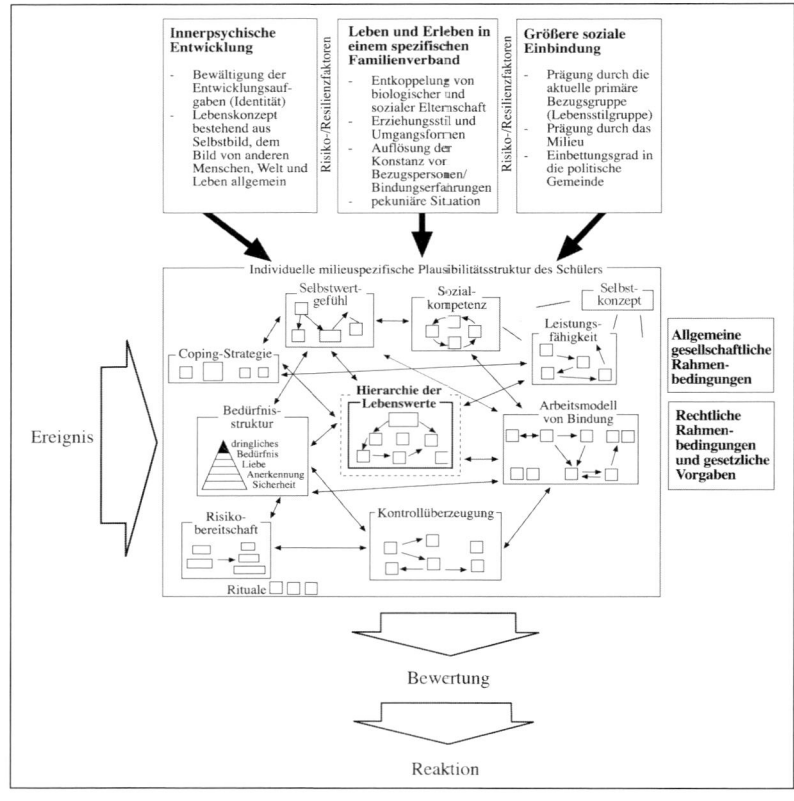

Abbildung 9: Die Plausibilitätsstruktur als unbewusste Bewertungsinstanz

ben den gesellschaftsübergreifenden auch *milieuspezifische* Werte und Prägungen transzendiert werden. Sie werden ebenso wenig offen diskutiert wie die gesellschaftsübergreifenden und sind deshalb für einen Teil der Mitmenschen aus anderen Lebensstilgruppen nicht gleichermaßen erkennbar und nachvollziehbar. Auf der Handlungsebene ist allenfalls die Umsetzung von Normen erkennbar. Sie finden u. a. in verschiedenen Traditionen, in beliebten Ritualen und alltäglichen „Normalitäten" Abbildung. Die Deutung bleibt allerdings denjenigen Beobachtern verschlossen, die milieuspezifisch anders geprägt sind.

Die Elemente der Plausibilitätsstrukturen erlangen absoluten Rang und ordnen das Denken sowie die akzeptierten Inhalte des „conscience collective", des gemeinsamen Gewissens einer Gesellschaft oder eines Gesellschaftsausschnittes (vgl. Durkheim 1981, 285 ff.). Die Rückbesinnung eines Menschen auf gemeinsame Sinnwelten beschreibt Thomas Luckmann (1993, 88 ff.) als eine Art Selbst-Transzendierung und in erster Linie als genuin anthropologisches Grundbedürfnis. Dabei weisen nicht nur größere Milieus und Subkulturen eigene Plausibilitätsstrukturen auf, auch kleinere Systeme wie z. B. Familien folgen kohärenten Reglements. Eine Selbst-Transzendierung im Luckmannschen Sinne kann also Gestalt gewinnen, indem die betreffende Person Mitglied in einer größeren Gemeinschaft wie zum Beispiel Facebook oder einer Umweltschutzorganisation wird. Während der eine Schritt mit Peter L. Berger (1991) den Versuch beschreiben könnte, einen „heiligen Kosmos" zu schaffen, also zu einem weltweiten Freundeskreis zu gehören und mit diesem zu kommunizieren, begebe ich mich mit dem Beitritt zu einer Umweltschutzorganisation in einen größeren Sinnzusammenhang dergestalt, dass ich persönlich zu einer Gemeinschaft gehöre, die sinnvolle Aktionen durchführt. Mein Leben wird bedeutend durch die Selbst-Transzendierung. Das Gleiche wird womöglich wahrgenommen, wenn ein Fußballfan „seinem Club" beitritt oder wenn ein Autonarr Mitglied in einem Oldtimer-Club wird.

Vor dem Hintergrund milieuspezifischer Plausibilitätsstrukturen entstehen im professionellen Erziehungsprozess Probleme, wenn es nicht zum Eintauchen und gegenseitigen Nachvollziehen der Plausibilitäten kommt. Weil Erziehung nicht dann am Ziel ist, wenn kindseitig Verhaltensweisen erreicht wurden, die möglicherweise per Anweisung eingeleitet werden könnten, ist der professionelle Erzieher auf Verständnis und Nachvollziehbarkeit angewiesen. Führen wir uns noch einmal vor Augen, was Erziehung ist und will. Grundsätzlich ist Erziehung unbedingt von Konditionierungs- und Dressurvorgängen abzugrenzen. Während beispielsweise Hunde dann als „gut erzogen" gelten, wenn sie auf Befehl „sitzen", „platzen" oder „bei Fuß gehen", zielt die Verhaltensprägung des heranwachsenden Menschen auf andere Effekte. Der Hund wird dressiert und soll gehorchen. Basta! Für das domestizierte Rudeltier ist Wohlverhalten als Überlebensgarantie im Rudel von entscheidender Bedeutung. Vom heranwachsenden Menschen wird dagegen erwartet, dass er später Verantwortung übernehmen und begründete Entscheidungen treffen kann.

Der gute Erzieher und die gute Erzieherin nehmen den Menschen in seiner zunehmenden Selbständigkeit und Würde ernst und helfen ihm zu erkennen, wo seine Ressourcen zu finden sind. Der so respektierte Mensch wird zur Selbständigkeit ermutigt, erlebt den Erzieher als Autorität im positiven Sinne und wird zudem grundsätzlich in seiner Situationsüberlegenheit bestärkt.

Im Folgenden sollen sechs Thesen zur Schulerziehung entwickelt werden, die Emil E. Kobi (1993; 2004, 70 ff.) ähnlich formulierte.

1. These: Schulerziehung tritt als feinfühlige, aufmerksame, demütige Haltung und nicht als spezifische Tätigkeit auf. Insofern lassen sich nicht „richtige" und „falsche" Techniken der Verhaltensänderung, nicht effektive und ineffektive Formen von Wissenstransfer und auch nicht obligatorische von fakultativen Tätigkeiten unterscheiden, um „gute" von „schlechter" Erziehung abzugrenzen. Ebenso kann ich als Erzieher meine Schüler und Edukanden auch nicht „jetzt mal zu ner Stunde Erziehung" ein- oder vorladen. In der Erziehung ist weniger von Bedeutung, *was* ich mit dem Kind, bzw. dem Jugendlichen etc. tue, als vielmehr *wie* ich es tue. In diesem Zusammenhang hat Kurt Singer (1998) auf die traurige Erfahrung vieler Schülerinnen und Schüler hingewiesen, die von einer kleinen Zahl von Lehrern z. T. über Jahre gedemütigt und demoralisiert werden. Öffentliche Abfragen, kommentierte Rückgaben von Schulaufgaben vor der gesamten Klasse und spitze Bemerkungen nehmen den betroffenen Schülern ihre Würde und demütigen sie nachhaltig. Häufig wirken solche Erfahrungen auf das Selbstwertgefühl des Schülers wie regelmäßiges Gift in kleinen Dosen. Die Erziehung als im Einzelnen eventuell zu rechtfertigende Tätigkeit versagt, weil die Haltung des Erziehers nicht die richtige ist.

2. These: Schulerziehung ist ein gemeinsam vollzogener Gestaltungsprozess und nicht ein einseitiges Tun und Erleiden. Erziehung sollte sich nicht auf eine festgeschriebene Rollenverteilung stützen. Der Erzieher bzw. der Lehrer ist nicht ein „Ansager", dessen Anweisung vom Kind oder Jugendlichen umgesetzt werden muss, sondern ein Partner, mit dem gemeinsam Handlungsoptionen besprochen, Einstellungen entlarvt, Gefühle nachvollzogen und Lebensentscheidungen in die Hand genommen werden. Dabei sollte der Lehrer auch die Möglichkeit in Betracht ziehen, dass kulturelle, ästhetische und pragmatische Einschätzungen des Schülers Grundlage von Vereinbarungen werden.

3. These: Schulerziehung stellt ein gegenseitiges Aushandeln von Handlungsmöglichkeiten und kein einseitiges Durchsetzen von Machtansprüchen dar. Die erziehende Person verfügt nicht über Expertenwissen (oder Machtwissen) und könnte dieses etwa für ihre Argumentation verwenden, sondern ist als Pädagoge aufgefordert, Handlungsspielräume auszuloten und zu verhandeln. Diese Handlungsspielräume werden vom Jugendlichen eingefordert und verlangen möglicherweise eine gegenseitige Vereinbarung, die auf beidseitigem Vertrauensvorschuss baut. Dabei sollten die Kriterien für gelungenes Aushandeln und die Verifikation eines ausgehandelten Handlungsspielraumes offen und gemeinsam entwickelt werden. Es kann nämlich auch sein, dass der Jugendliche diese Handlungsspielräume auf eine Art und Weise einfordert, die der Lehrer als solche zunächst nicht erkennt – nämlich durch Verhaltensweisen, die möglicherweise eine Schieflage bzw. ein Bedürfnis seitens des Schülers ausdrücken, die der allerdings nicht benennen kann.

4. These: Schulerziehung stellt grundsätzlich einen themenzentrierten Diskurs und keine gegenstandsbezogene Produktion dar. Dies bedeutet: Es gilt nicht in erster Linie, die pragmatische Lösung eines konkreten Problems herbeizuführen, sondern es geht um die Bearbeitung des gesamten Themas. Wenn Lehrer für eine bestimmte Schulleistungsproblematik die adäquate Lösung suchen, kann nicht ausschließlich die Leistungssteigerung des Kindes durch ausgeklügelte Verstärkersysteme oder Trainingsprogramme (gegenstandsbezogenes Produktions-)Ziel sein, sondern wird möglicherweise ein komplexes Thema wie Motivation, Angst, Selbstbewusstsein, Über-/Untersteuerung zur Bearbeitung anstehen. Der Lehrer diskutiert mit dem betreffenden Schüler ein Problemfeld und nimmt das Thema als Ganzes ernst. So ist im günstigsten Fall am Ende der Krise nicht nur die Problemlösung als solche gelungen, sondern ein Lebensthema bearbeitet.

5. These: Das Erziehungsverhältnis vollzieht sich in einem bilateralen Beziehungswandel und erfüllt sich nicht nur in kindlicher Verhaltensänderung. Erzieher und Edukand verändern sich demnach gleichermaßen. Diese Feststellung ist insbesondere im Blick auf die Organisation des Lehr-Lernprozesses und die Machtposition des Lehrers hinsichtlich der Notengebung und der Versetzungsentscheidungen bemerkenswert. Allerdings fordert diese These nicht grundsätzlich Neues. Sie verkürzt lediglich bisherige Abläufe. Betrachten wir nämlich das Verhalten und die Umgangsformen eines Lehrers diachronisch, so wird jeder zugestehen, dass sich dieser Pädagoge im Laufe der Jahre verändert hat. Bisweilen berichten jüngere Geschwister den älteren beeindruckende Geschichten von einem Lehrer, den die früheren Jahrgänge kaum mehr wiedererkennen würden. These 5 fordert nun, dass sich der Lehrer in seinen Reflexionen der pädagogischen Praxis auf eine Veränderung im *jetzt* aktuellen Prozess einlässt und den jeweiligen Schüler als unmittelbaren Interaktionspartner würdigt.

6. These: Schulerziehung als Handlungsform der Erziehung ist immer ein stimulierender Vorgang. Will heißen: Der verantwortungsvolle Erzieher regt Phantasie an, gibt Impulse, lädt zu Träumen ein und begleitet letztendlich mehr und mehr zum Übergang in die Phase der Selbsterziehung. Vom mündig werdenden Schüler in der Schulerziehung wird erwartet, dass er in absehbarer Zeit „das Zepter selbst in die Hand nimmt" und in seiner Selbständigkeit und Autonomie zugleich Situationsüberlegenheit anstrebt. Dazu gehört, dass sich der mündige Mensch niemals in eine als leidvoll, katastrophal, determinierend oder entmündigend empfundene Situation fügt. Vielmehr sollte der mündige Mensch grundsätzlich einen kritischen Standpunkt hinsichtlich der Gültigkeit des Negativcharakters einer Situation einnehmen. Nicht die Situation, die Entwicklung, die Verhaltensweise der Mitmenschen oder das Wetter bestimmen den Verlauf des Lebens, sondern der Mensch selbst gibt den Interpretationsrahmen für jedes Ereignis vor. Dies führt zur Forderung, dass Erziehung auch immer zugleich die Befähigung zur Wahrnehmungsveränderung, also einen Aspekt der Selbsterziehung, beinhaltet. Selbstverständlich wird es einem noch so mündigen Menschen nicht in jeder Situation gelingen, selbstkritisch mit seiner jeweiligen Wahrnehmung umzugehen. Dennoch bereitet gute Schulerziehung darauf vor, eigene Interpretationsgewohnheiten, Handlungsweisen und nicht zuletzt Wahrnehmungsmuster kritisch zu reflektieren.

Die vorgestellten Thesen zur Schulerziehung sind geeignet, möglicherweise gewohnte hierarchische Umgangsformen zwischen Lehrern und Schülern auf den Kopf zu stellen. „Autorität", so könnte ein Einwand lauten, „lässt sich nicht einfach durch Diskussion ersetzen. Weisungsbefugt ist und bleibt nun einmal der Lehrer". Autorität hatte nicht zu allen Zeiten den Geschmack von Befehl und Gehorsam. Und wenn es darum geht, einen professionellen Erziehungsbegriff zu entwickeln, schließt dieses Bemühen auch die Bestimmung der Autorität ein.

Dem ursprünglichen Wortsinn folgend, kann die lateinische *auctoritas* als „fördernde Überlegenheit" übersetzt werden. Wir finden hier weder den zwingenden Hinweis auf rechtliche Weisungsbefugnis noch auf ein Machtpotential anderer Art. Im römischen Staats- und Privatrecht herrschte ein bemerkenswert positives Autoritätsverständnis vor. So ist in der römischen Verfassung eine sorgfältige Unterscheidung zwischen der Autorität, die beim Senat lag, und der Macht (*potestas*), die der Magistrat inne hatte, zu finden. Bürgerinnen und Bürger suchten den Rat der Senatoren. Sie wurden als Autoritäten geachtet und aufgrund ihrer Lebenserfahrung, Bildung und Uneigennützigkeit ernst genommen. Zum Wesen der auctoritas gehörte nach damaligem Verständnis unabdingbar, dass sie durch die Vertrauenswürdigkeit ihres Trägers überzeugte. Die adligen Senatoren galten als moralisch vorbildlich und umfassend gebildet.

Staatliche Macht und gesetzgeberische/richterliche Amtsgewalt lag hingegen in den Händen der Magistratsmitglieder. Einer solchen Macht mussten sich die Bürgerinnen und Bürger beugen. Sie leisteten Gehorsam und führten in diesem Sinne ein rechtstreues Leben.

Seit der Revolution der Gracchen (133–121 v. Chr.) war der moralische Verfall des Adels in aller Munde. Mit diesem moralischen Niedergang wurden die Vertrauenswürdigkeit der Senatoren und der Wert ihrer Autorität mehr und mehr in Frage gestellt. Allerdings verbanden sich noch in der Person des Kaisers Octavian (69 v.–14 n. Chr.) ad personam die institutionelle Macht (*potestas*) mit der persönlichen Autorität (*auctoritas*). Seine Vertrauenswürdigkeit hatte er sich zuvor als siegreicher Kaiser beim Volk verdient. Seine Nachfolger reduzierten das Wortfeld der Autorität durch ihr Machtgehabe nach und nach.

Im Laufe der Geschichte ging sowohl begrifflich als auch inhaltlich jedes Bewusstsein vom ursprünglichen Inhalt wirklicher positiver Autorität verloren. Die Kirche im Mittelalter mit ihren z. T. menschenverachtenden Praktiken und erbärmlich schwachen Stellvertretern auf Erden, die Säkularisierung des Autoritätsbegriffs in der Zeit der Aufklärung, die theatralischen Formen der Autorität in der Weimarer Republik, die Pervertierungen aller Formen von Autorität im totalitären Nazireich und schließlich der Aufstand gegen jede Autorität in der Zeit der Studentenrevolte löschte offensichtlich jede Spur vom ursprünglichen Inhalt der *auctoritas* im kollektiven Gedächtnis und alltagssprachlichen Gebrauch (Eschenburg 1976). Heute steht der deutsche Begriff *Autorität* umgangssprachlich der *Macht* sehr nahe.

Für die Frage nach einem pädagogisch sinnvollen Umgang ist das, was *auctoritas* ursprünglich ausdrückte, von zentraler Bedeutung. Im Kontext der Schulerziehung sind verschiedene Formen dessen beschreibbar, was *alltagssprachlich* mit dem Begriff der Autorität umschrieben wird:

- *Persönliche Autorität* wird einer Person freiwillig zugesprochen. Sie verdient Respekt und wird aufgrund ihrer persönlichen Ausstrahlung und Vertrauenswürdigkeit als Autoritätsperson anerkannt. Diese Beschreibung deckt sich weitgehend mit dem Begriff der *auctoritas*.
- *Amtsautorität* wird bestimmten Personen zugebilligt und diesen damit eine bestimmte rechtswirksame Rolle zugesprochen. Es kann sich dabei z. B. um Polizeibeamte, Zugbegleiter oder Schiedsrichter handeln. Die Bedeutung der Amtsautorität kommt derjenigen der *potestas* nahe.
- *Fachautorität* wird denjenigen Personen zugesprochen, die in einem konkreten Fachgebiet Kompetenzen aufweisen und deshalb in Bezug auf ein beschreibbares Problemfeld im Volksmund die „absolute Autorität" sind. Dies kann beispielsweise Computerkenntnisse, Sicherheit in Rechtsangelegenheiten, medizinische Kompetenz usw. betreffen. Die Fachautorität ist nicht als Person, sondern lediglich sachbezogen Autorität. Eine Unterordnung erfolgt in der Regel aus den Zwängen einer Notlage.

- *Administrative Autorität* wird Personen zugebilligt, die verwaltungsbezogen über Herrschaftswissen verfügen und vor dem Hintergrund dieses Gefälles Macht ausüben können. Das möglicherweise erlangte Einflussvermögen reicht von der Macht des Hausmeisters zur Belegung oder Schließung der Halle am Wochenende bis zur Kenntnis des Bibliothekars über das System der Teilbibliothek.

Schulerziehung – wenn sie den Maßstäben der Professionalität entsprechen soll – verlangt Vertrauen und persönlichen Respekt. Vertrauen entsteht durch Handlungen – Vertrauenshandlungen, die sich auch darin äußern, dass der Schüler in seinem Menschsein mit allem, was ihn ausmacht, angenommen wird. Das heißt nicht, dass alles gebilligt werden muss. Vertrauen entsteht auch, indem der Lehrer dem Schüler Vertrauen entgegenbringt und ihm gleichzeitig etwas zutraut. Für die Position des Lehrers bringt dies eine schwierige Situation mit sich: Selbst diejenigen Lehrer, die vor dem Hintergrund einer erworbenen Vertrauenswürdigkeit und persönlichen Kompetenz *auctoritas* entfalten *könnten*, werden mitunter durch das feste Gefüge struktureller Macht (Amtsautorität) in Form von Notengebung, Zeugnissen, Versetzungsunsicherheit und Verweisdrohung korrumpiert und können kein druckfreies Autoritätsverhältnis zu den Schülern aufbauen. Vom richtigen Verständnis der Autorität im Sinne einer fördernden Überlegenheit hängt jedoch in der Erziehung vieles ab. Es darf dabei weder auf die für das erzieherische Zeigen (Prange 2005b) notwendige Überlegenheit, noch auf die unbedingte Absicht, dem Edukanden auf dem Weg zur Selbsterziehung zu dienen, verzichtet werden. Als Fortsetzung der Familienerziehung und zur Vorbereitung auf die Phase der Selbsterziehung zielt die Schulerziehung im Wesentlichen auf spezifische Inhalte des Wollens, z. B. der Lerndisziplin, auf spezifisches Wissen, nämlich Inhalte unterschiedlicher Fächer und drittens auf spezifische Inhalte des Könnens, wie z. B. den Erwerb grundsätzlicher Problemlösekompetenzen und später der selbstgesteuerten Wahrnehmungsveränderung.

Im Grunde wird deutlich, dass in jedem Lebensalter bzw. an jedem spezifischen pädagogischen Ort, verschiedenen Lerndimensionen herausragende Bedeutung zugesprochen werden. So geht es in der Familienerziehung überwiegend um ein Einüben von Fertigkeiten (Können). Die Themen dieses Lernens werden nicht selten durch die Anforderungen des Haushalts vorgegeben und reichen vom Abstimmungsprozess zwischen stillender Mutter und Säugling, über das Sprechen- und Laufen-Lernen, bis hin zum Erlernen einer Schleife oder der Handhabung eines Reißverschlusses. Gelernt wird überwiegend durch Nachahmung und Übung. Und die Lernhilfe gestaltet sich zumeist im Arrangement und im Spiel, in denen sich das Kind die Lerninhalte übend aneignen kann. In der Schulerziehung geht es nun darum, dass sich das Kind ein Sachwissen über die Welt aneignet. So spielt der Wasserkreislauf eine ebenso wichtige Rolle wie später dann der mathematische Dreisatz. Zentrales Ziel der Schulerziehung ist aber das Lesen-, Schreiben- und Rechnen-Lernen, denn nur so lässt sich die Welt außerhalb des familialen Mikrokosmos verstehen und wird handhabbar. Gelernt wird hier überwiegend durch Unterrichtung. Gemeint ist hier eine Form des Unterrichts, die das Verstehen des Kindes zu erreichen sucht. Die Selbsterziehung

Tabelle 6: Erziehung im Lebensverlauf des Menschen und beispielhafte Lerndimensionen (Ellinger & Hechler 2012, 275)

Orte der Erziehung/ Lern-Dimensionen	Familienerziehung (Säuglings-, Kleinkind-, Kindergarten-alter)	Schulerziehung (Schul-, frühes Jugend-, Jugendalter)	Selbsterziehung (frühes Erwachsenen-, Erwachsenen-, spätes Erwachsenenalter)
Können	Laufen und Sprechen; Grobmotorik	Feinmotorische Fertigkeiten und Ordnungssinn	Körperwahrnehmung und Körperpflege
Wissen	Regeln des Hauses; soziales Miteinander	Lesen, Rechnen und Schreiben; spezifisches Fachwissen; Lebensstile	Reflexive Kenntnisse; Umgang mit Problemen
Wollen	Trotz und Autonomieentwicklung; Ingroup-outgroup; Milieu und Werte	Disziplin; Lernen lernen; neue Welten und Kulturen; andere Werte	Lebensform und Willenseinstellungen; Wahrnehmungsveränderung

schließlich hat die eigene Formgebung und im Wesentlichen die Ausbildung von persönlichen Haltungen und Einstellungen (Wollen) zum Gegenstand. Der Mensch weiß nun einiges und kann auch vieles und ist mit der Tatsache konfrontiert, Entscheidungen für sein (künftiges) Leben zu treffen. Für gute Entscheidungen bedarf es nicht nur eines gehörigen Maßes an Wissen und Können, sondern auch Einstellungen zu sich, zu den Anderen und zur Welt, die es möglich machen, auch im Angesicht von Ungewissheit und Unvorhersehbarkeit Entscheidungen zu treffen. Häufig reichen die vorhandenen Wissensbestände, Fertigkeiten und Haltungen aus, um das Leben zu meistern. Bisweilen ergeben sich jedoch Fragestellungen, die die Ressourcen aktuell überfordern und denen eben nicht mit einem Mehr an Wissen und Können begegnet werden kann. In einer solchen Situation sucht der Mensch einen Reflexionspunkt außerhalb seiner selbst. In diesem Sinne wird dann die Beratung als ein Mittel der Selbsterziehung wichtig.

Zusammenfassend sind in Bezug auf die Förderung bei sozialer Benachteiligung eindeutige Gefahren deutlich geworden: Erziehung und Förderung kann nicht „von außen" geleistet werden (vgl. hierzu auch Otto Specks Kritische Anmerkungen zum verbreiteten Verständnis von Förderung aus erziehungswissenschaftlicher Sicht [Speck 1995, 177 f.]). Wer erziehen will, muss verstehen. Wer erziehen will, muss anerkennen. Ein Schulerzieher dressiert nicht und konditioniert auch nicht, sondern verhandelt, bespricht, hilft, Lösungen zu finden und Themen zu bearbeiten. Ein Schulerzieher bleibt auch nicht emotional unbeteiligt. Sensibilität für die Wirkzusammenhänge sozialer Benachteiligung ist nicht zu erwerben, wenn das „bemitleidenswerte Schicksal dieser Kinder" von außen betrachtet wird. Es handelt sich auch nicht um Kinder und Jugendliche, die auf eine möglichst wirkungsvolle Weise zu einem „normalen" Leben befähigt werden müssen. Es handelt sich viel eher um Kinder und Jugendliche, deren Denken verstanden werden muss. Jeder Mensch beurteilt und handelt logisch innerhalb seiner individuellen Plausibilitätsstruktur. Ebenso handelt jeder Schüler logisch und funktioniert in seinem milieuspezifischen Gesamtsystem.

Professionalität im pädagogischen Handeln ist dann gefährdet, wenn der Pädagoge eine schnelle Erklärung parat hat und glaubt, das sozial benachteiligte Kind habe einen Defekt und müsse – im Stile einer trivialen Maschine – „repariert" werden. Mit dieser Einstellung beschreitet der vermeintlich Professionelle eine unzulässige Abkürzung und trägt sogar zur Reproduktion und Festigung der sozialen Benachteiligung bei.

Literaturempfehlung

Zum Thema Erziehung und Erziehungsbegriff: Hechler (2011); Prange (2010); Sünkel (2010)

2.3 Pädagogisches Handeln zwischen Theorie und Praxis

Kommen wir zu einem zweiten denkbaren Nährboden für soziale Benachteiligung. In der öffentlichen Anerkennung des Lehrerberufs scheint – wie auch im Falle anderer Berufe – ein denkwürdiger Entwertungsprozess im Gange zu sein. Obwohl die sehr verantwortungsvolle und gesellschaftlich zentrale Rolle der Lehrer und der Bildungsinstitutionen allgemein unbestritten sind, wird die Arbeit dieser Professionellen von ihren Mitmenschen – und nicht zuletzt auch von ihnen selbst – zunehmend wenig wertgeschätzt. Der Erziehungswissenschaftler Oliver Hechler (2011) weist auf ein Phänomen hin, das möglicherweise zu dieser Form der Entwertung und mittelbar zur De-Professionalisierung in zentralen Bereichen unseres Lebens und unserer Gesellschaft beiträgt: Das jeweilige Laienwissen erlebt in unseren Tagen quasi exponentielles Wachstum. Unter anderem weil das Internet und die modernen Medien eine sekundenschnelle und grenzenlose globale Vernetzung aller denkbaren Informationsquellen und Lebensformen und Lebensweisheiten ermöglicht, schrumpft zugleich die Deutungshoheit der einzelnen – als Personen vor Ort tätigen – Professionellen in ihren Disziplinen. Greifen wir Hechlers Ansatz auf und spinnen wir ihn einen Moment lang beispielhaft im Blick auf die Aufgaben eines Arztes, eines Pfarrers, eines Grafikers und eben eines Lehrers weiter. Alle vier Disziplinen wirken in alltagsnahen Lebensbereichen.

Wenn der moderne Mensch Krankheitssymptome an sich entdeckt, hat er die Möglichkeit, sich via Internet zu informieren, in einschlägigen Foren Rat zu suchen und sogar Medikamente und Anwendungen selbst zu besorgen. Erst wenn sich sein Zustand verschlechtert, konsultiert er den Arzt, der als Fachmann auch anhand der Internetbewertungen ausgewählt wurde und dann hoffentlich Fachmann genug ist, um schnell eine hilfreiche Diagnose zu finden.

Was den Pfarrer betrifft, sieht sich ein Großteil unserer Gesellschaft mittlerweile emanzipiert genug, um unabhängig von einer offensichtlich in Legitimationskrise geratenen Institution nach eigener Fasson selig zu werden. Wir beten selber, wir suchen selbständig nach unserer individuellen Form der Frömmigkeit und informieren uns zudem über alternative Formen kontemplativer Alltagsbewältigung. Dabei beobachten wir aus der Ferne, wie die großen und kleinen Kirchen um ihre neuen Aufgaben in der Gesellschaft ringen müssen, weil die Kundschaft von früher heute nur noch formale Kasualien in den extremen Zeiten des Lebens sucht. Der Pfarrer als Glaubens-Profi hat hinsichtlich seiner professionellen Deutungshoheit in Sachen Glauben mächtig Federn gelassen, weil Laien mit ihrem Alltagswissen und ihrer Alltagserfahrung mündig geworden sind und ganz selbstständig Gotteserfahrungen machen und Erklärungen für ihre Erlebnisse finden.

Auch im Blick auf die grafische Gestaltung von Geschäftsausstattungen, Prospekten, Plakaten und Katalogen vollzieht sich in der modernen Gesellschaft zunehmend eine Veränderung. Längst bieten Heerscharen von Laien ihre gestalterischen Dienste an. 08-15-Schriften, Gimmicks, Effekte und Grafikprogramme unterstützen sie dabei und führen letztendlich zu flächendeckenden ästhetischen Beleidigungen der Öffentlichkeit durch semi-professionelles Engagement, das im „Das-kann-doch-jeder"-Stil professionelles Wissen und Können der Grafik-Designer entwertet. Erst wenn eine Geschäftsausstattung wirklich gut werden muss, ein Unternehmen stimmiges Corporate Design will oder eine Institution seriös wirken soll, werden professionelle Deutungsexpertisen wieder ernst genommen und die entsprechenden Fachleute beauftragt.

Wandern wir nun im Rahmen unseres letzten Beispiels gedanklich zur Schule. Auch dort steht die professionelle Deutungshoheit einer Berufsgruppe unter Druck. Wie die Entwertung pädagogischer Professionalität vonstattengeht, leuchtet uns unmittelbar ein: Weil Erziehungskompetenz und pädagogisches Deutungswissen in der Einschätzung vieler Menschen offensichtlich auf wundersame Weise irgendwie im Zeugungsakt erworben werden, treten viele Eltern gegenüber den professionellen Pädagogen in der Schule relativ respektlos auf. Das Grundmuster der Entwertung professioneller Kompetenz ähnelt bis zu einem bestimmten Punkt den oben dargestellten Fällen: Eine breite Mehrheit der Bevölkerung vertraut im Alltag seinem Laienwissen und baut ihre Beurteilungskompetenz auf die eigene Erfahrung. Allerdings ist dieser Prozess nicht mit der Entwicklung des Internets verbunden. Seit Menschengedenken erziehen und bilden Eltern ihre Kinder. Einige haben das immer schon sehr gut gemacht, andere versagen auf ganzer Linie. Zudem haben schon immer auch professionelle Pädagogen ihre Arbeit sehr gut gemacht und schon immer versagten andere auf ganzer Linie. Das wissen auch die außenstehenden Laien. Es gibt gute Lehrer und es gibt schlechte Lehrer.

Während aber im Blick auf unsere Vergleichsberufe die jeweilige Grenze zwischen Laiendeutung und spezifischer professioneller Expertise konsensfähig relativ ist, tritt bei der Beschäftigung mit der spezifisch professionellen Kompetenz der Lehrer ein gewichtiges Problem zu Tage: Es heißt je nach Kontext „Erfahrung" oder „Praxis". Im pädagogischen und schulischen Handlungsfeld wird häufig eine starke Abneigung gegen alles, was zu viel „Theorie" darstellt, offen zur Sprache gebracht. Stellen wir den Fokus also auf das Theorie-Praxis-Problem:

Der Arzt wird als Profi respektiert, weil er Theorie kennt und in seiner beruflichen Praxis umsetzt. Ohne seine professionelle Gebundenheit an die gelernte und angewandte Fachtheorie wird aus dem studierten Mediziner kein guter Arzt. Er mag nach vielen Jahren Berufstätigkeit zwar auch zunehmend von seiner Erfahrung sprechen und zehren, seinen konkreten diagnostischen und therapeutischen Umgang mit den Patienten wird er aber immer in Rückbindung an konkret benannte Theorien begründen.

Auch der Grafiker weiß, warum seine Prospekte und die von ihm gestalteten Zeitschriften besser lesbar sind und moderner wirken als die Arbeiten des Laien, obwohl dieser sie doch unter Zuhilfenahme aller schrillen und peppigen Hilfsmittel erstellt hatte. Unmerklich, aber strukturgebend haben theoretische Regeln und fachliche Erkenntnisse die Produkte des Profis geprägt. Ein Grafiker sieht, was in der Praxis durch mangelnde Fachlichkeit minderwertig wird und wo Regeln professionell durchbrochen werden können, um genau dadurch wiederum bestimmte Wirkungen zu erzielen.

In pädagogischen Handlungsfeldern liegt die Sache anders. Ironischerweise verweisen häufig sogar Lehrer und außerschulisch arbeitende Pädagogen selbst nicht auf ihre theoretisch begründete Professionalität, wenn sie Argumente für diese oder jene Entscheidung oder ein strittiges Vorgehen suchen. In vielen Fällen werden als gültiger Ausweis der Kompetenz denkwürdige Formulierungen vorgetragen. So etwa: „Ich weiß, wie das zu regeln ist, ich habe selbst vier Kinder groß gezogen." Oder: „Ich habe das selbst damals auch auf diese Weise gelernt, und es hat mir nicht geschadet." Oder noch besser: „In der Klasse meiner Tochter wird es auch so gemacht, und die Lehrerin dort hat selber drei Kinder in dem Alter." Wenn also professionelle Kompetenz und damit Autorität dargestellt werden soll, wird merkwürdigerweise auf eben jenes Alltagswissen und auf eben jene Erfahrung verwiesen, die der Laie durch seine Frage und in der Krisensituation zu überwinden wünscht. Worin gründet sich dann aber die besondere Kompetenz der Lehrer?

In der pädagogischen Arbeit mit Kindern und Jugendlichen kommt der Beschäftigung mit den Hintergründen von Verhalten, von Handeln, von Reagieren und von Lebensstilen entscheidende Bedeutung zu. Alle Schulkinder und Jugendlichen handeln irgendwie – den ganzen Tag lang –, mitunter für ihre Mitmenschen mehr oder weniger gut verständlich. Im Sinne einer Alltagsdeutung beschreiben Laien das Verhalten anderer Menschen oder ihrer eigenen Kinder oft umgangssprachlich und gehen davon aus, dass diese und jene Gewohnheit „davon kommt, dass …". Laien betrachten ein bestimmtes auffälliges Verhalten und kommen zu dem Schluss, dass „der ja nichts dafür kann, weil …", oder aber stellen fest, „welchen unbewussten Einfluss die Mutter immer noch hat, weil …". Würden die gleichen Laien für ein paar Tage die Gelegenheit haben, als unsichtbare Mäuschen in einem Lehrerzimmer den dortigen kollegialen Gesprächen zuzuhören, wären sie vielleicht irritiert. Sie könnten einerseits feststellen, wie unterschiedlich die Deutungen eines Verhaltens durch die Profis sind, und würden andererseits auch staunen, dass die Vorstellungen angemessener Förderung oder Intervention vollkommen widersprüchlich diskutiert werden. Das eine folgt aus dem anderen und gemeinsam ist allen geäußerten Standpunkten, dass jeder Betrachter – ob er sich dessen bewusst ist oder nicht – einer sehr subjektiven Theorie folgt, wenn er über Verhalten und Verhaltensänderung nachdenkt und spricht.

Obwohl diese subjektive Theorie womöglich weit weniger theoretisch begründet ist, als ihre Bezeichnung nahelegt, bildet sie den Interpretationsrahmen dessen, was aus Sicht des Betrachters sein kann und was nicht sein kann. Menschen lassen sich von ihren alltäglichen Vorabtheorien leiten und orientieren sich auf diese Weise de facto retrospektiv an den Erlebnissen und Erfahrungen, die sie im Laufe der Jahre gesammelt haben. In ihrem Wertepool befinden sich in erster Linie Erfahrungswerte, die mehr oder weniger richtig, mehr oder weniger stark durch die eigene emotionale Befindlichkeit gefärbt und mehr oder weniger reflektiert sind. Im strengen Sinne müsste man hier von erfahrungsgeleitetem oder „bauchgeleitetem", aber nicht von theoriegeleitetem Handeln sprechen.

Weil es sich bei den vom unsichtbaren Mäuschen im Lehrerzimmer beobachteten Pädagogen um studierte Akademiker handelt, treten neben diese reinen Erfahrungswerte, über die jeder Vater, jede Mutter und jeder Handballtrainer auch verfügt, vielleicht auch umfangreiche Versatzstücke renommierter theoretischer Konzepte, die im Studium und auch später in Fachkreisen als Gesamttheorien diskutiert wurden. Verschiedene Interventionsprogramme, Beratungskonzepte oder konkrete Handlungsanweisungen finden sich auch für den Laien zugänglich in pädagogischen und sogar Fernsehzeitschriften dargestellt, und auf vielen alltäglichen Ebenen erhält auch der nichtstudierte Laienpädagoge alltagsgerechte Portionen pädagogischer Theorien appetitlich zubereitet. Hinzu kommen Informationen aus den Nachbarwissenschaften der Pädagogik: soziologische Darstellungen von Lebensstilgruppen, psychologische Erläuterungen zu Lernverhalten und Lernstörungen oder medizinische Abhandlungen zum Zusammenhang zwischen Ernährungsgewohnheiten und Konzentrationsvermögen.

In diesem Spannungsfeld zwischen der beruflichen Praxis pädagogischer Fachkräfte und den theoretischen Konzepten aus der akademischen Welt wird der Mechanismus der Entwertung pädagogischer Professionalität sichtbar. Es können in zwei Richtungen unprofessionelle Schieflagen entstehen.

Eine erste Schieflage droht, wenn missachtet wird, was in anderen Arbeitsgebieten selbstverständliches Wissen ist: Die beste Praxis ist eine gute Theorie. Professionell arbeitende Pädagogen kennen sich hinsichtlich zentraler erziehungswissenschaftlicher Theorien und Konzepte aus und gestalten ihr Engagement und die Entscheidungen in diesem Sinne theoriegeleitet. Für jeden Arzt und für jeden Grafiker gilt, dass er zwar in gewissem Umfang von seiner Berufserfahrung profitiert, indem er „Bauchentscheidungen" trifft, Erfahrungswerte umsetzt und spontane Entscheidungen fällt, über die er nicht lange nachdenkt, weil sie ihm „einfach klar sind". Genau so gilt aber für die gleichen Personen, dass ihre Professionalität nicht durch praktische Erfahrung oder ihren vehement vorgetragenen Hinweis auf ihre praktischen Erfahrungen entsteht, sondern durch fundierte theoretische Kenntnisse ausgewiesen wird. Solide Kenntnis der Theorie ist Voraussetzung für professionelles Arbeiten auch in pädagogischen Handlungsfeldern. *Fazit: Keine professionelle Praxis ohne gute Theorie.*

Eine zweite Gefahr für die Professionalität entsteht aber andererseits durch die sterile Überbetonung der theoretischen Erkenntnisse zu verschiedenen Problemfeldern. Ohne Übertreibung hört man immer wieder, dass viele Studienabgänger „vollgestopft sind mit Theorie" und „für die Praxis nichts taugen". An dieser Stelle erinnert uns Friedrich Schleiermacher daran, dass die Praxis immer „schon begründet", also älter ist als ihre Theorie (Schleiermacher 2000). Offensichtlich ist demnach auch eine Überbetonung der Theorie denkbar. Nicht zuletzt deshalb werden vielleicht die Lehramtsanwärter in das Programm der zweiten Ausbildungsphase (des Referendariats) an den dafür verantwortlichen Seminarschulen häufig mit den Worten empfangen: „Vergessen sie mal alles, was sie theoretisch studiert haben, was sie für die Praxis brauchen, lernen sie in den kommenden 18 Monaten." Berufliche Kompetenz erschöpft sich auch in den anderen erwähnten Beispielberufen nicht in Theoriekenntnis. Praxisanforderungen strukturieren alle notwendigen Fragen an die Theorie. Ähnlich im Beruf des Pädagogen. Der Pädagoge arbeitet also professionell, wenn er dem Gegenstand seiner Profession gerecht wird. Dieser Gegenstand ist keine Maschine, sondern das soziale Wesen Mensch. Sowohl der Pädagoge als auch der Edukand sind auf Interaktion angelegt. Die theoretische Bildung darf sich nun nicht im Selbstzweck erschöpfen, sondern soll dazu dienen, ein kompetenter

Interakteur zu werden. Der professionell arbeitende Pädagoge ist in der Lage, sowohl sich selbst in seinen Empfindungen, Wahrnehmungen, Bewertungen und Entscheidungen zu reflektieren als auch Zugang zur Plausibilitätsstruktur und Logik des Gegenübers zu finden. Jedes Gegenüber ist anders als sein Nachbar und muss individuell verstanden werden. Laienpädagogen sind – ähnlich wie Laiengrafiker und Hobby-Mediziner – handlungsfähig, weil sie eng definierte Kategorien bilden, um durch maximale Gruppenbildung Sicherheit zu gewinnen. Sie sind in der Lage, Standardfälle zu meistern und stellen auf diese Weise trügerisch Kompetenz dar. Obwohl also jede gute pädagogische Arbeit in Theoriekenntnis wurzelt, erweist sie sich zugleich nicht in der Standardbearbeitung eines Falles, sondern zielt auf die individuelle Erarbeitung einer Herausforderung. Die theoretischen Kenntnisse eines Pädagogen müssen dabei durch persönliches Engagement in der Beziehungsarbeit zur professionellen Handlungskompetenz verschmelzen. *Fazit: Keine professionelle Praxis ohne persönliche Reflexion und Investition.*

Zusammenfassend ist in diesem Kapitel eine zweite Sorte Nährboden für soziale Benachteiligung deutlich geworden: Das Spannungsfeld zwischen Theorie und Praxis birgt insbesondere deshalb Gefahren, weil es in pädagogischen Kontexten so nahe liegt, mit Alltagstheorien und Laiendeutungen zu operieren. Es scheint paradoxerweise geradezu chic zu sein, mit Erfahrungswerten ausgerechnet Professionalität nachzuweisen. Weil diese Erfahrungswerte häufig aber allzu ich-bezogen und theorielos weder der speziell vorfindlichen Situation noch dem aktuell beteiligten individuellen Kind oder Jugendlichen gerecht werden, tappt der noch so engagierte Pädagoge damit in die Professionalitätsfalle. Benachteiligung entsteht durch gefestigte Strukturen und durch Herrschaftsverhältnisse. Und diese werden durch egozentrische Deutung, absolute Werte aus fremden Milieus und subjektive Erfahrungen gefestigt. Der professionell arbeitende Pädagoge ist dagegen bemüht, eine theoriegeleitete Metaebene zur Reflexion seiner beruflichen Erlebnisse einzunehmen und nicht in der reinen Alltagsdeutung zu verharren.

Literaturempfehlung

Zum Thema Theorie – Praxis: Bourdieu (1979); Ellinger (2010d); Wagner (2012)

2.4 Intuition zwischen Wissen und Erfahrung

„Ein guter Lehrer weiß intuitiv, was er tun muss", hört man nicht selten. Intuition in pädagogischen Situationen wird alltagssprachlich häufig wie ein *ahnendes Erfassen* bzw. eine *Eingebung* beschrieben, die wie ein Erkennen ohne Reflexion in einer konkreten Situation das richtige Handeln ermöglicht. So ahnt etwa ein Lehrer vorher, dass ein Schüler im nächsten Moment vom Stuhl kippen wird und kann noch zur rechten Zeit zu Hilfe eilen. Oder vielleicht schlägt die Lehrerin in der brenzligen Konfliktsituation unversehens den richtigen Ton an und trägt in letzter Minute zur Bewältigung der Spannung bei. Ein Kollege berichtet, dass er spontan noch einmal einen schwerkranken Schüler besucht und sehr wichtige Dinge mit ihm besprochen hat, ohne zu ahnen, dass es das letzte Mal sein würde. Wenn es sich bei der Intuition tatsächlich um eine derartige übersinnliche Wahrnehmung und Eingebung handelte, würde pädagogisches Handeln vielerorts von einem entscheidenden Element geprägt, das weder nachvollziehbar noch erlernbar ist. Damit blieben das Erkennen ganzheitlicher Zusammenhänge und die Gestaltung gelungener Lehr-Lernprozesse zufällig, subjektiv und beliebig. Das wirkungsvolle Einfühlen in eine Situation, das Eintauchen in einen komplizierten Prozess, der spontane Gedankenblitz – ja sogar die Schlüsselkompetenz im sonderpädagogischen Diagnostikprozess (Hauschildt 1998) – wären abhängig von Zufällen, transzendentalen Begabungen oder mystischen Übungen.

Ohne Zweifel trägt Intuition im Alltagsverständnis diesen Geschmack. Es scheint allerdings ein geradezu sumpfiger Nährboden für soziale Benachteiligung zu sein, wenn sozial nicht benachteiligte Pädagogen im Rahmen ihrer möglichst effektiven Förderung sozial benachteiligter Kinder und Jugendlicher auf unbestimmbare Intuition angewiesen wären. Das käme dann einem unbestimmten Hoffen auf Glück oder auf das Eingreifen übersinnlicher Kräfte gleich. Die Formel dieser Art Professionalität wäre wie folgt zu beschreiben:

Berufsausbildung + Glück/Transzendenz = Effektive Förderung bei sozialer Benachteiligung

Häufig entstehen nach herausragenden Krisensituationen insbesondere Diskussionen darüber, wie denn berufliche Professionalität entstehe. Als z. B. am 15. Januar 2009 Chesley Sullenberger, der Pilot des US-Airways-Fluges 1549, sein Flugzeug mit 150 Passagieren und 5 Besatzungsmitgliedern an Bord auf dem Hudson River notlandete, sprach die Weltpresse mit großer Anerkennung übereinstimmend von der bemerkenswerten Professionalität des Piloten der Unglücksmaschine. Allerdings: Kaum war der Hobby-Film zur Landung des Fliegers auf dem Hudson bei YouTube eingestellt worden, brach unter den Kommentatoren eine erstaunlich engagierte Diskussion darüber aus, ob der Pilot nur Glück gehabt (Wind, Wellen, Schiffverkehr etc.), übersinnlichen Eingebungen folgend (Wunder!) oder aufgrund theoretischer Kenntnisse und jahrelanger Berufserfahrung professionell richtig gehandelt habe (ChillStream91 2009).

Glücklicherweise lässt sich vor dem Hintergrund einschlägiger Untersuchungen grundsätzlich ohne Probleme der rein immanente und weitgehend berechenbare Standpunkt vertreten, dass intuitiv „richtiges" Handeln zu rund 80 % in professioneller Kenntnis wurzelt. Die übrigen 20 % ergänzen die Theoriekenntnis durch berufliche (= praktische) Erfahrung und (!) Reflexion derselben zu dem, was wir dann 100 % professionelle Kompetenz nennen.

Das heißt: Intuition muss erarbeitet, muss als Qualifikation erworben werden. Zur sicheren Intuition gehören dann breites Fachwissen und reichhaltige berufliche Erfahrung. Hochqualifiziertes Fachpersonal unterschiedlicher Disziplinen folgt in beruflichen Routinesituationen häufig selbstverständlich seiner Intuition. In der Luftfahrt verantwortliche Personen tun dies ebenso wie sich auch Psychologen und Psychotherapeuten auf ihre intuitive Wahrnehmung stützen und z. B. Ärzte auf medizinisch-diagnostische Intuition angewiesen sind.

Erlauben wir uns zunächst, die philosophischen und pädagogischen Intuitionsbegriffe näher anzusehen.

In der Philosophie haben die Gelehrten im Laufe der Jahrhunderte immer wieder den Grund und den Ort dieser zusätzlichen Dimension des Erkennens, die wir heute Intuition nennen, zu beschreiben versucht. Im Folgenden sind einige für die Pädagogik relevante Überlegungen skizziert. *Platon* (427–347 v. Chr.) verdeutlicht sein Verständnis von Erziehung anhand des Höhlengleichnisses. Der natürliche Mensch ist zu vergleichen mit einem Menschen, der in einer Höhle sitzt und an der Wand lediglich die Schatten der Wirklichkeit sieht. Erziehung und Bildung haben die Aufgabe, den Zögling aus der Höhle ans Tageslicht – und damit zur Erkenntnis der Wirklichkeit – zu führen (Platon 1973a). Da der Seele des Menschen durch die Gefangenschaft in seinem Leib die direkte Verbindung zum Transzendenten, zu den übergeordneten Werten und Ideen, verloren gegangen ist, bedarf es zur Reifung des Menschen der vernünftigen Erkenntnis *und* des inspirativen Erfassens der wirklichen (d. h. auch geistigen) Welt (Platon 1973b). Es müssen sich Verstand und Erleuchtung aus der Transzendenz ergänzen.

Thomas von Aquin (1224–1274) beschreibt, wie sich Gott der im Menschen angelegten Strukturen bediene, indem göttliche Einwirkung sozusagen an menschlichen Anknüpfungspunkten wirksam werde (Hägglund 1983). *Rene Descartes* (1596–1650) fasst Intuition später weniger explizit in Bezug auf transzendente und übersinnliche Eingebungen oder Erkenntnis. Allerdings ist für ihn Intuition das ungetrübte und klare Erkennen einer vorfindlichen Situation, ein Begreifen, das die einfache Verstandesleistung deutlich übersteigt (Descartes 1973). Der Mathematiker, Physiker und Religionsphilosoph *Blaise Pascal* (1623–1662) führt diese Art von Erkenntnis auf eine in jedem Menschen veranlagte Verbindung zur Transzendenz, zu Gott zurück. Die höchste Form des Erkennens findet nach Pascal durch Intuition („Inspiration"), nicht durch die Vernunft statt. Im intuitiven Erkennen – im *Spüren der Wirklichkeit* – schlägt sich Transzendenz/Ewigkeit/Gott selbst nieder. Die Vernunft dagegen bleibt im Begrenzten/Irdischen/Zeitlichen (Pascal 1954).

Immanuel Kant (1724–1804) verneint nach der kopernikanischen Wende eine mögliche Beeinflussung der Immanenz durch die Transzendenz (Kant 1964). Für die Erkenntnis der Wirklichkeit spielen nach Kant zwei Faktoren im Menschen eine Rolle. Die *Sinnlichkeit* empfängt und veranschaulicht einen Gegenstand, währen der *Verstand* Begriffe bildet, die dann in Bezug auf den Gegenstand gedacht werden können (Kant 1976). Eine Intuition, die den Menschen etwa unmittelbar oder sogar von außen trifft, spielt für Kant keine Rolle. *Sören Kierkegaard* (1813–1855) folgt Kant in dessen Auffassung einer grundsätzlichen Trennung des Übersinnlichen/Transzendenten vom Menschen/Immanenten. Allerdings beschreibt er die Möglichkeit des existentialistischen Zugangs jedes einzelnen Menschen zur Transzendenz. Damit wird es Einzelnen möglich, den Rahmen ihrer vernünftigen Erkenntnis zu sprengen. Durch eine individuelle Verbindung des Diesseitigen mit dem Jenseitigen gewinnt die Erkenntnisfähigkeit eine zusätzliche Dimension (Kierkegaard 1950).

Fassen wir als Zwischenstopp die Erkenntnisse zu den Sichtweisen der Philosophiegeschichte zusammen, lassen sich drei Schwerpunkte nennen:

a) Die *allgemeine transzendentale Sichtweise* beschreibt Intuition als ein Geschehen, das den Menschen von außen („von oben") trifft. Diese übersinnliche Informationsquelle befruchtet den immanent begrenzten Menschen und verschafft ihm dadurch eindeutige Vorteile.

b) Die *Sichtweise einer persönlichen transzendenten Begabung* setzte eine individuelle Beziehung zwischen einem Menschen und einer höheren Dimension voraus, die dieser zuvor angebahnt hat. Im Rahmen dieser Beziehung trägt der betreffende Mensch die Potenz in sich, übersinnlich berührt und gelenkt zu werden.

c) Die *Sichtweise einer immanenten Verstandesleistung* beschreibt Intuition als einen Vorgang ganzheitlichen Erfassens einer Situation durch präzise kognitive Verarbeitung. Für die Erklärung dieses Phänomens ist eine transzendente Dimension nicht nötig.

In der Pädagogik sprach bereits der Wissenschaftstheoretiker *Johann F. Herbart* (1776–1841) im Blick auf den praktisch tätigen Pädagogen von etwas entscheidendem, das man aus heutiger Sicht als „Intuition" auffassen könnte: dem „Takt". Der noch so gute Theoretiker werde in der Praxis nur dann erfolgreich, wenn diese Fähigkeit ausgebildet sei: „… eine schnelle Beurteilung und Entscheidung, die nicht, wie der Schlendrian, ewig gleichförmig verfährt … Die große Frage nun, an der es hängt, ob jemand ein guter oder schlechter Erzieher werde, ist einzig diese: Wie sich jener Takt bei ihm ausbilde …" (Herbart 1964, 284 ff.). In der Tat ist der Eindruck nicht von der Hand zu weisen, dass solch ein „Takt", nämlich Eigenschaften, Qualifikationen – oder auch Qualitäten – im Umgang mit ihren Schülern und Anbefohlenen die „guten" von den „mittelmäßigen", die „erfolgreichen" von den „nur pflichterfüllenden" und die „zufriedenen" von den „frustrierten" Lehrern und Erziehern unterscheidet.

Das intuitive Handeln rückt also ins Zentrum der gelungenen Verknüpfung von Theorie und Praxis – und gewinnt damit auch große Bedeutung für den Lehr-Lernprozess und die Förderung bei sozialer Benachteiligung. Nach der ersten größeren lexikalischen Untersuchung zu den Grundlagen einer pädagogischen Intuitionstheorie von Daniel Eggenberger im Jahr 1998 liegen heute mehrere Untersuchungen und Analysen eines Fachdiskurses vor (vgl. Dalheimer 2011; Schieren 2008; Sedlmayr 2011; Weihs 2007; Wölke 2010) und werden darüber hinaus Versuche unternommen, einen spirituellen (Hörmann 2010) oder eher esoterisch gegründeten (Tepperwein 2010) Begriff von Intuition zu entwickeln. Obwohl die beiden letztgenannten Ansätze streng genommen eher in die Rubrik Lebensratgeber zählen, sind es eben solche interessanten und plausibel klingenden Konstrukte, die auch populärwissenschaftlich geprägte pädagogische Literatur mit einem mystischen Schleier des Geheimnisses belegen wollen. Suchen wir hier den Kern des Begriffs Intuition, wird unser *Selbst* in Form der Selbstwahrnehmung, der Selbstsicherheit, des Selbstschutzes fokussiert. Der Mensch findet in sich das, was über sein rationales Erkennen hinaus reicht. Er, der in der Gefahr steht, seine Gefühle lediglich zu denken, statt sie zu empfinden, erlebt Intuition und Bewusstseinserweiterung, indem er aufhört, Gefühle nur zu denken. Wenn sich der Mensch seiner selbst bewusst wird, wird ihm klar, was in seiner Umgebung los ist.

Dieser empfindsame und zugleich selbstbewusste Ansatz ist bereits in den Ausführungen früher Pädagogen erkennbar. *Jerome S. Bruner* (1973) führt aus, dass die Struktur einer jeweiligen Lehrsituation über den zu vermittelnden bzw. den zu begreifenden Stoff hinaus weisen sollte und damit dazu beitragen soll, späteres Lernen besser zu ermöglichen. Den intuitiven Anteil am Lehr-Lernprozess beschreibt Bruner einerseits als Ermutigung zur Spontanität, zur Phantasie, zum Spekulieren und zum Raten und andererseits als die Unterstützung eines positiven Selbstbewusstseins und von Courage seitens der Schüler. Intuitive Situationen sind frei, ungesichert, fehlerhaft und verifikationsbedürftig und ermöglichen auf diese Weise Erfindungen, Ideen und Kreativität. Diese Art nicht-festgelegter Unterrichtung, freier Förderung, begleiteten Experimentierens sucht das, was Friedrich Copei (1969) den *fruchtbaren Moment* nennt. Der fruchtbare Moment in allen seinen Formen „ist der Punkt tiefster und lebendigster Sinnerfassung und Sinngestaltung" (Copei 1969, 101). Zur Beschreibung des fruchtbaren Moments und seiner Genese untersuchte Copei die Entstehungsgeschichten unterschiedlicher wissenschaftlicher Erfindungen, Entdeckungen und kreativer Leistungen. Er stellt ein Vierphasenmodell vor, das deutlich macht, wie eine Idee, ein zündender Gedanke oder ein bahnbrechender Einfall keineswegs nur aus dem OFF vom Himmel fällt, sondern dass das systematische Anbahnen einer derartigen „Empfängnis" konkret beschreibbare Strukturen aufweist (vgl. Ellinger 2010a, 85 ff.).

Pär Ahlbom entwickelte in den letzten Jahren seinen ganz eigenen Ansatz einer „Intuitiven Pädagogik" (Ahlbom et al. 2009). Das Konzept zielt auf die Entwicklung und den Ausbau einer besonderen Wachheit, einer spezifischen Form der Aufmerksamkeit. Mit Keller und Grömminger (1993) sind allgemein drei wesentliche Formen der Aufmerksamkeit zu unterscheiden. Zum einen die *Daueraufmerksamkeit*, die ein aufmerksames Bearbeiten einer lang anhaltenden Tätigkeit möglich macht, und zum anderen die *geteilte Aufmerksamkeit*, die es ermöglicht, mehrere Dinge gleichzeitig aufmerksam zu erledigen – z. B. zu jonglieren und gleichzeitig eine lustige Geschichte zu erzählen. Von der dritten Form, der *selektiven Aufmerksamkeit*, spricht man dann, wenn es gelingt, einen Gegenstand oder eine Situation intensiv und fokussiert ganzheitlich wahrzunehmen. Bisweilen konzentriere ich mich in besonderer Weise auf ein Buch, auf die Lateinvokabeln oder auf ein Telefongespräch dergestalt, dass ich mich mehr als sonst bemühe, kein Detail zu „verlieren", weil es mir schwer fällt, das Erlebte ganz zu erfassen. Dies kann damit zusammenhängen, dass ich müde bin und das Buch kompliziert geschrieben ist. Oder die Lateinvokabeln sind lang und abstrakt. Oder aber die Handy-Verbindung beim Telefonieren ist schlecht und ich verstehe nur die Hälfte dessen, was mein Gesprächspartner sagt. Eine solche 100 %ige Aufmerksamkeit scheinen wir aber häufig in

„einfachen" pädagogischen Situationen nicht zu benötigen – und verfallen eher in einen Zustand geteilter Aufmerksamkeit. Die Fähigkeit, *selektive Aufmerksamkeit* zu leisten, erlernt ein Kind in der Regel mit der Schulfähigkeit. Ahlbom spricht in seinem Intuitionsbegriff zentral über dieses Konzentrationsvermögen von Kindern und Jugendlichen, aber eben auch von Pädagogen. Intuition, so ließe sich im Sinne der „intuitiven Pädagogik" sagen, ist die antrainierte Fähigkeit, eine Situation wacher, aufmerksamer, empathischer und in den verschiedenen Ebenen wesentlicher zu erleben und deshalb auch zu begreifen. Daraus resultiert die Fähigkeit, spontan treffender zu reagieren, als dies einem geteilt aufmerksamen Pädagogen möglich wäre.

Hilfe zur Entwicklung einer besonderen Wachheit kann die bewusste Wahrnehmung meines Alltages vor dem Hintergrund einer ethischen Gesamtsicht leisten. Ein so angestrebtes Gesamtbewusstsein (Chezhammer 2011) zielt nicht auf eine übersinnliche Erfahrung, hat aber über die konkrete Situation hinaus einen weiteren Wahrnehmungsrahmen im Blick und folgt deshalb auch eigenen Impulsen, die über die unmittelbar manifesten Prozesse hinaus reichen.

Wagen wir also vor dem Hintergrund der philosophischen und pädagogischen Ausführungen eine Präzisierung dessen, was wir unter professioneller Intuitionsfähigkeit in pädagogischen Handlungsfeldern verstehen wollen.

Intuitives Handeln wird allgemein ermöglicht durch fundierte Fachkenntnis und kritisch reflektierte Erfahrungen. Darüber hinaus nimmt eine intuitiv handelnde Person einzelne Situationen innerhalb eines größeren ethischen Sinnzusammenhangs wahr. Die Bedeutung eines Einzelerlebnisses kann so über den unmittelbaren Erlebensrahmen hinaus weisen und macht dadurch u. U. übergeordnete Anknüpfungspunkte sichtbar. Konkret wird intuitives Handeln angebahnt durch eine besondere Wachheit in der Situation, aufgrund derer der Handelnde auf unterschiedlichen Ebenen Eindrücke wahrnimmt und darauf reagieren kann. Eine intuitiv handelnde Person ist selbstbewusst.

Wollten wir eine *Definition von Intuitionsfähigkeit* versuchen, laute te sie etwa so: Professionelle Intuition kann als ganzheitliches Erfassen einer Situation und der notwendigen Handlungen über die offensichtlichen Bedeutungsgehalte hinaus beschrieben werden und stellt das Ergebnis einer fundierten theoretischen Ausbildung in Verbindung mit reichhaltiger, sorgfältig reflektierter Erfahrung und der Entwicklung einer selbstbewussten Persönlichkeit mit bewusst entwickelten ethischen Werten dar.

Zusammenfassend halten wir fest: Intuition ist erlernbar. Als Voraussetzung gilt fundiertes Fachwissen und die Bereitschaft, die eigenen beruflichen Erfahrungen zu reflektieren. Pädagogische Intuition ist zudem eingebettet in ethische Grundlagen und eine Gesamtvorstellung dessen, was sich über den unmittelbaren Erziehungskontext hinaus entwickeln soll. Konzentrationsvermögen und Empathie zählen zu den Grundvoraussetzungen von Intuition in pädagogischen Handlungsfeldern. Darüber hinaus sind Selbstbewusstsein und Präsenz im Hier und Jetzt seitens des Pädagogen unabdingbar, wenn er spontan und frei intuitiv arbeiten will.

Egozentrismus und Theorielosigkeit sind dagegen gute Nährböden für soziale Benachteiligung. Wenn Intuition als eine gottgegebene, übersinnliche und spontane Erleuchtung gesehen wird, manifestiert diese Einschätzung den Subjektivismus des Lehrers und lässt ihn seine Pflicht zur Distanz von sich selbst vergessen. Soziale Benachteiligung kann dort bestehen, wo Machtpositionen – und seien sie in angeblich übersinnlichen Begabungen gegründet – zur Gestaltungsfigur zwischenmenschlicher Beziehungen gemacht werden.

Literaturempfehlung

Zum Thema Intuition in der Pädagogik: Eggenberger (1998)

2.5 Pädagogische Grundsätze für die Arbeit in der Schule

„Mir wird immer etwas weh ums Herz, wenn ich die Erstklässler auf dem Weg zur Einschulung sehe. Sie sind so freudig aufgeregt, so stolz, so lernbegierig. Und binnen weniger Jahre, oft noch viel, viel schneller, wird die Schule es schaffen, aus so vielen von ihnen Problemkinder zu machen: Demotivierte, Faule, Schulschwänzer, Klassenclowns, Mathehasser, Sportversager, Unmusikalische und so weiter." Mit diesen Worten beginnt Alan Posener (2012) seinen Beitrag über die „Lernfabrik" Schule, die Lehrer und Schüler verbiegt. Im späteren Verlauf zitiert Posener den dänischen Moralphilosophen und Erziehungsratgeber Jesper Juul, der rät, die Schulen zunächst einmal fünf Jahre zu schließen, um den Lehrern die Möglichkeit zu geben, das zu lernen, was ihnen bisher niemand beigebracht habe: wie man mit Schülern, Eltern, Vorgesetzten und miteinander redet (Posener 2012).

In der Tat herrscht in der Fachwelt allgemeiner Konsens darüber, dass der Mensch ein Beziehungswesen ist und auch in der Schule davon lebt, zwischenmenschliche Anerkennung, Wertschätzung, Zuwendung und Zuneigung zu erhalten. Das gilt für Lehrer wie Schüler gleichermaßen. Und doch scheint die Dringlichkeit einer durch unbedingten Respekt getragenen Atmosphäre unterschätzt zu werden. Der renommierte Erziehungswissenschaftler Otto Speck berichtete in einem Vortrag über seine jahrelangen Forschungen zu den Schwerpunktthemen gegenseitiger Achtung in Erziehung und Unterricht, zum Respekt zwischen Eltern und Kindern und zur gegenseitigen Verantwortung füreinander in pädagogischen Handlungsfeldern. Er hatte über die Ergebnisse ein Buchmanuskript verfasst und es unter dem Titel *Achtung vor dem Anderen* seinem Verlag angeboten. Unter den Lektoren und in der erweiterten Konferenz herrschte Einigkeit darüber, dass der Titel des Buches anders lauten müsse, weil das Thema *Achtung* im Sinne der Anerkennung/des Respekts weitgehend aus dem Alltagsbewusstsein verschwunden sei. Von *Achtung* spricht man im Kontext Schule heute eher im Sinne der „*Vorsicht vor dem Anderen!*" Diese Erkenntnis unterstreicht das Anliegen des Buches von Speck (1996), das im darauffolgenden Jahr unter dem Titel *Erziehung und Achtung vor dem Anderen* erschienen ist und inmitten einer Vielfalt unterschiedlichster Lebenswerte jenseits moralinsaurer Belehrungen einen bemerkenswerten neuen Ansatz für eine von gegenseitiger Achtung getragenen inklusiven Erziehung vorstellt.

Der Freiburger Neurobiologe und Psychiater Joachim Bauer beschreibt das Bemühen der Kinder in der Schule und den Erfolg ihrer Bemühungen in direkter Abhängigkeit vom aufrichtigen Interesse eines Erwachsenen an diesen Kindern. Dabei ist allein entscheidend, so Bauer

(2008, 37), „dass ein Erwachsener schlicht und einfach anwesend ist und sich – ohne dabei weiter aktiv zu werden – für ihr Tun interessiert".

Die Frage der Achtung hängt eng mit derjenigen nach der Anerkennung des Anderen zusammen. Gegenseitige menschliche Anerkennung wird in fachlichen Diskussionen immer wieder einmal zu einem Schlüsselbegriff (vgl. Frazer & Honneth 2003, 7) und lässt dann jeweils eine wichtige Kategorie der Hegelschen Philosophie zu neuem Leben erwachen (Hegel 1970). Dabei geht es dann um beides: Die Forderung nach individueller Autonomie des Einzelnen, sein Leben so gestalten zu dürfen, wie er es will, und zugleich auch um ein Mindestmaß an gegenseitiger Zustimmung zum Lebenswandel und zu den Werten des Anderen. Innerhalb einer gesellschaftlichen Ordnung fügt sich der Mensch einerseits in bestehende Gesetzmäßigkeiten und Normen und wird andererseits als freie Person anerkannt und gewürdigt (Hegel 1970, 221 ff.). Geschichtlich betrachtet hat sich die Wertschätzung gegenüber Menschen mit der Auflösung der ständischen Gesellschaftsstrukturen von der hierarchischen Anerkennungsordnung zu einer individuellen Wertschätzung verändert. Soziale Anerkennung wird nicht mehr ganzen Gruppen zugesprochen, denen vorher typisierend kollektive Eigenschaften zugeschrieben wurden, sondern wird von einzelnen Individuen verdient, die sich gewissermaßen würdig erweisen. In der Praxis geht es dann letztlich noch darum, *wie* wir uns im Kampf um Anerkennung *würdig erweisen*. Dabei muss aber noch im gleichen Atemzug einem Missverständnis vorgebeugt werden: Soziale Anerkennung und soziale Gerechtigkeit darf sich nicht auf eine irgendwie geartete Leistung gründen, sondern bleibt schlicht auf die Existenz der Individualität bezogen. Axel Honneth entwickelt drei unterscheidbare Muster solcher individuellen Anerkennung (Honneth 2004, 198), die auch praxistauglich sind.

a) *Liebe als Anerkennungsmuster:* die beteiligten Personen bestätigen sich, indem sie sich für die konkrete Bedürfnisstruktur interessieren und sich auch in gewisse Abhängigkeiten begeben. Sie werden verletzbar und finden besondere Anerkennung vom Anderen.

b) *Rechtsverhältnisse:* Die gegenseitige Anerkennung erfolgt durch das Wissen und die Befolgung von normativen Verpflichtungen, die jeder dem jeweils anderen gegenüber einzuhalten hat.

c) *Solidarität:* Durch die Anerkennung verschiedener Lebenswerte und Lebensformen als gleichwertig wächst Wertschätzung, weil die individuellen Fähigkeiten und Leistungen nicht in hierarchischen Strukturen bewertet werden.

Bezogen auf den Umgang der Lehrer mit den Kindern sollten sich aus dem bisher Gesagten ohne Verbiegung drei zentrale pädagogische Grundsätze ableiten lassen:

1. Anerkennung und Achtung haben etwas mit Interesse füreinander zu tun

Wer den anderen achtet und anerkennt will mehr wissen. Er möchte Geschichten aus dem Leben hören und Logiken bisher fremder Lebenswerte verstehen. Viele Missverständnisse und Vorbehalte ließen sich ohne Zweifel durch ein Mehr an Informationen ausräumen. Lehrer berichten immer wieder davon, dass das gegenseitige Verständnis in ihrer Klasse wesentlich profitierte, als die Kinder Dinge aus dem privaten Leben ihrer Lehrkraft erfuhren und die Lehrer ihrerseits Einblicke in das Leben der Kinder erhielten. Hier ist allerdings Feingefühl gefordert. Während der Lehrer selbst abschätzen kann, ob er seine Schülerinnen und Schüler zu einem Gartenfest nach Hause einladen will oder am Wochenende eine Fahrradtour plant oder einen Fotoabend mit den Bildern der Lieblingsreise veranstaltet, muss die Einladung an die Kinder, von sich und aus ihrem Leben zu erzählen, sensibel erfolgen. Sozial benachteiligte Kinder gehören per definitionem eben nicht zu denjenigen Gesellschaftsmitgliedern, die sich auf der Sonnenseite des Lebens tummeln – und wollen möglicherweise zunächst einmal nichts von ihrem Alltag zuhause erzählen.

Tipp: Ein behutsames Öffnen kann über die Einladung erfolgen, in ein vom Lehrer für jedes Kind angeschafftes hübsches Tagebuch jeden Tag in der Schule eine Eintragung zu machen. Hierfür werden jeden Tag im Rahmen des Unterrichts stille Zeiten eingeräumt, die die Schüler nutzen sollen, um ein paar Sätze zum vergangenen Wochenende, zum gestrigen Tag oder auch über die Ferien, die Zeit vor der Einschulung oder ein Erlebnis in der Familie zu schreiben. Egal, was die Schüler schreiben, es muss jeden Tag *etwas* sein. Der Anfang wird möglicherweise nicht einfach und die zugesagte Diskretion, dass die Tagebücher nach der jeweiligen Schreibzeit in einem abgeschlossenen Fach für andere Schüler unerreichbar aufbewahrt werden, muss in jedem Fall eingehalten werden. Selbstverständlich ist vereinbart, dass der Lehrer der einzige Mensch sein wird, der die Tagebücher liest. In der Regel entsteht eine ganz besondere Form der Kommunikation. Je mehr der Lehrer über die Tagebucheintragungen erfährt, desto mehr Trigger kann er auch während des gemeinsamen Unterrichts setzen, damit die Schüler ihren Assoziationen folgend Tagebucheintragungen schreiben. Einige Lehrer in unteren Klassen beginnen auch „Brieffreundschaften", indem ein Klassenbriefkasten für Briefe der Schüler an den Lehrer einmal pro Woche geleert wird. Allerdings ist dieser Austausch fakultativ und mitunter sehr persönlich. Zentrales Anliegen im Umgang mit sozial benachteiligten Kindern muss es sein, ihre Welt mit ihren Nöten, ihren Ängsten, ihren Freuden und ihren Abneigungen kennenzulernen. Die Unterschiede zwischen den sozialen Milieus und den Lebensstilgruppen sind erheblich.

2. Man kann mit Kindern nur gut arbeiten, wenn man sie gut leiden kann

Genau genommen könnten wir den Satz noch zuspitzen, indem wir so formulieren: Man kann mit Kindern nur gut arbeiten, wenn man sie liebt. Eine steile These – zumal eindeutig geklärt werden muss, dass es hier selbstverständlich nicht um körperliche Liebe in irgendeiner missbräuchlichen Form geht. Gemeint sind hier ein grundsätzliches Zugewandtsein, eine Begeisterung für Kinder, ein Interesse an ihrer Entwicklung und eine Freude am Umgang mit ihnen. In verschiedenen Veröffentlichungen zur verantwortungsbewussten und professionellen Arbeit einer Lehrkraft wird immer wieder betont, dass die Beziehung zwischen Lehrern und Schülern dabei das zentrale Element ist (Helmke 2009, 177). Es stimmt allerdings nachdenklich, dass einige Pädagogen die Kinder, mit denen sie täglich umgehen, als Monster empfinden (Posener 2012). Durch Erzählungen, Geschichten und immer wieder heftig diskutierte Studien (z. B. bildungsklick 2008; Kiel et al. 2012; Rauin 2007) werden Klischees einer „Berufswahl aus Verlegenheit" oder einer „Berufswahl aufgrund des verlockenden Beamtenstatus'" oder „der attraktiven Arbeits- und Ferienzeiten" wach gehalten. Fest steht jedoch, dass der Beruf zu allererst und existentiell mit Kindern zu tun hat und nicht mit günstigen Arbeitszeiten oder den eigenen beiden Lieblingsfächern, die dann Unterrichtsfächer werden. Die Kinder sind da. Und wenn sie nicht geliebt werden, werden sie nerven. Im Blick auf sozial benachteiligte Kinder besteht eine besondere Herausforderung darin, Kinder, die nicht immer von vornherein „liebenswert" erscheinen, bedingungslos zu lieben. Das bedeutet: Auch wenn die Kinder unerklärlicherweise „blöde Fragen stellen", in den spannendsten Momenten eines liebevoll vorbereiteten Unterrichts geistig abwesend sind, im Schullandheim total ausflippen oder sich beim Museumsbesuch unmöglich benehmen, brauchen sie beständige Zuwendung und keine 1:1-Abrechnung. Wir könnten in diesem Zusammenhang von einer notwendigen „Bergauf-Liebe" sprechen, die die Kinder voraussetzungslos und ohne Gegenleistung liebt und annimmt.

Tipp: Beobachten Sie sich in Ihrem Alltag, wo Sie überall nach dem Prinzip Aktion – Reaktion verfahren und in welchen Kontexten dieses Vorgehen nicht (mehr) denkbar ist.

3. Reflexion hilft, sich selbst verstehen und lieben zu lernen

Reflexionsvermögen gehört zu den zentralen pädagogischen Kompetenzen eines Professionellen. Darauf weisen verschiedene Wissenschaftler in unterschiedlichen Kontexten (z. B. Hennemann & Hillenbrand 2010, 257; Keller 2008). Jeder Pädagoge sollte sich darin üben, seine eigenen Handlungen theoriegeleitet zu kritisieren und möglichst realistisch anhand der selbstgesteckten Ziele und eigenen Grundsätze zu überprüfen. Hierzu hilft der Austausch mit Kollegen, die möglichst Unterrichtsphasen miterlebt haben oder mit denen der Lehrer Fallbeispiele bespricht und Verbesserungsmöglichkeiten sucht. Es liegen hierfür hilfreiche Monographien zur kollegialen Fallberatung und Supervision vor (z. B. Methner et al. 2012; Schlee 2012). Jenseits der praktischen Ratgeber und Hilfen scheint allerdings der wichtigste Schritt derjenige zu sein, sich im beruflichen Alltag dafür Zeit zu nehmen, das eigene Tun und die eigenen Ziele zu reflektieren – auch ohne dass ein akutes Problem vorliegt. Reflexion über das eigene Tun ist dann am besten, wenn sie pro-aktiv stattfindet und nicht erst dann einsetzt, wenn auf einen Missstand re-agiert werden muss.

Schülerseitig werden Anregungen zum Nachdenken über sich selbst noch häufig als Einladungen zum Gespräch offen aufgenommen. Sie sind insbesondere deshalb wichtig, weil sich früh das Einsehen bilden soll, dass wahrgenommene Wirklichkeiten in erster Linie als individuelle Konstruktionen aufgefasst und nicht als objektive Wahrheit verstanden werden können. Im fortgeschrittenen Alter und in höheren Klassenstufen fällt es ohne vorherige Übung zunehmend schwer, über das eigene Verhalten, über die eigenen Gefühle und Motive und über eigene Leistungen und Begabungen nachzudenken.

Tipp: Sind die ehemaligen Schüler dann einmal am Ende ihres z. B. Lehramtsstudiums angekommen, fällt den Hochschullehrern, die mit der Aufgabe betraut sind, mündliche Staatsexamensprüfungen abzunehmen, nicht selten auf, dass eben diese Fähigkeit, über sich selbst und die eigene Wirkung auf andere nachzudenken, offensichtlich nur sehr vereinzelt ausgebildet ist. Dabei stellt es doch die effektivste, unterhaltsamste und zugleich kostengünstigste Variante der fachlichen Fortbildungen dar. An dieser Stelle lade ich Sie, liebe Leser, einmal ganz ungezwungen ein, darüber nachzudenken, wer Sie eigentlich sind. Stellen Sie sich bitte vor, Sie haben die Gelegenheit, sich schriftlich um ein Stipendium zu bewerben. Stopp! Es gibt noch eine klitzekleine Zusatzaufgabe: Das Stipendium soll gerecht vergeben werden und demjenigen zukommen, der kompetent über sich reflektiert. Aus diesem Grund sind weder ein Foto, noch Angaben zu Ihrem Beruf oder Ihren bisherigen beruflichen Tätigkeiten, noch zu Ihrer Staatsangehörigkeit oder einem etwaigen Migrationshintergrund, noch zu Ihrem Alter oder Familienstand erlaubt. Überlegen sie sich bitte, was Sie über sich sagen wollen, *ohne* über all diese Äußerlichkeiten zu sprechen. Wer sind Sie – Und wenn ja, wie viele?

Literaturempfehlung

Zum Thema Achtung und Respekt: Rosenberg (2007); Singer (2009); Speck (1996)

2.6 Ertrag des zweiten Kapitels

Professionelle sonderpädagogische Kompetenz in der Förderung bei sozialer Benachteiligung beinhaltet neben der grundsätzlichen Unterrichtskompetenz zwingend dreierlei Bereiche:

a) Pädagogische Rückbesinnung auf das, was Erziehung genuin in der Schule ausmacht. Dazu gehören Antworten auf die Fragen, welche Aufgaben Erziehung im Kontext sozialer Benachteiligung zu erfüllen hat und welche Rolle der Erzieher in diesem Prozess spielen sollte,

b) Theoriekenntnisse von pädagogischen Sachverhalten und Forschungsergebnissen, die regelmäßig auf den neusten Stand gebracht werden und sich von den Inhalten der Alltagsdeutung innerhalb des eigenen sozialen Milieus unterscheiden, und

c) Reflexionsbereitschaft und Reflexionsgewohnheiten, die berufliche Erfahrungen zu persönlichen Erlebnissen werden lassen. Auf der Basis solcher subjektiver Erlebnisse entsteht vor dem Hintergrund professionellen Fachwissens das, was in Form von „Intuition" gute von sehr guten Pädagogen unterscheidet.

3

Schulische Förderung bei sozialer Benachteiligung

3.1 Effektive Unterrichtsgestaltung und denkbare Beeinträchtigungen

Herbert Goetze (1991a; 1991b) stellt in einer ausführlichen Literatur-
analyse die Ergebnisse von amerikanischen Untersuchungen zu Un-
terrichtssituationen mit förderbedürftigen Schülern zusammen. Die
Befunde wirken ernüchternd: Regelschullehrer sind a) diesen Schülern gegenüber negativ eingestellt und b) wenig motiviert, diese durch
Umstellung ihrer gewohnten Unterrichtsmethoden und Unterrichts-
konzepte zu fördern. Im Blick auf die Förderung sozial benachteiligter
Schüler werden wir im Folgenden davon ausgehen, dass es sich bei dieser Einstellung um ein spezifisch amerikanisches Phänomen handelt,
das in einem inklusiven deutschen Schulsystem nur in wenigen Ausnahmen anzutreffen sein wird. Wir machen uns also nunmehr auf und

wollen die Figuren der in Kapitel 1 beschriebenen Phänomene sozialer Benachteiligung vor dem Hintergrund der in Kapitel 2 überlegten sonderpädagogischen Kompetenzen zu konkreten Skizzen einer Förderung in der Schule formen.

Nachdem wir in den vorangegangenen Kapiteln mal durch die Welt streiften, um das Grundmuster sozialer Benachteiligung aufzuspüren, ein anderes Mal auf der Lauer lagen und nach sozialen Ungerechtigkeiten in Deutschland Ausschau hielten und schließlich über sonderpädagogische Kompetenzen im Rahmen einer genuin erzieherischen Grundhaltung nachdachten, soll der Einstieg in die Ideensammlung zur praktischen schulischen Förderung bei sozialer Benachteiligung mit einem Blick auf empirisch belegbare Merkmale effektiver Unterrichtgestaltung gelingen. Insbesondere bei der Förderung sozial benachteiligter Kinder und Jugendlicher kann es natürlich nicht darum gehen, *„Mulle-Mulle-Unterricht"* zu veranstalten, damit sich die Benachteiligten *„auch mal gut fühlen können"*. Es geht bei aller sozialen Förderung und der Betonung der lebensweltlichen Bezüge im Endziel um Bildung, schulische Leistung und das Erreichen konkreter Bildungsziele. Ein Ausbruch aus dem Reproduktionskreislauf sozialer Benachteiligung kann letztlich nur gelingen, wenn sich auch schulischer Erfolg einstellt und auf diesem Weg eine gesamtgesellschaftliche Teilhabe des Kindes möglich wird. Damit muss sich die Qualität einer Förderung bei sozialer Benachteiligung immer auch an der Produktivität des schulischen Lernprozesses messen lassen. Unterricht mit sozial benachteiligten Kindern und Jugendlichen muss im Sinne des Lernerfolgs effektiv sein. Empirische Befunde zu der Frage, wie Unterricht effektiv sein kann, liegen ausreichend vor (vgl. Helmke 2010). Franz Wember (2011a) wertet die Analysen von Brophy (2000), Helmke (2010) und Meyer (2004) zu Qualitätsmerkmalen erfolgreichen Unterrichts aus, indem er zwölf zentrale Prinzipien zusammenstellt, die wir hier als Gestaltungsziele umformulieren und erweitern wollen (vgl. Wember 2011a, 88 f.):

a) *Effektiver Unterricht geschieht in einem unterstützenden Lernklima.*
Das bedeutet: Der „emotionale Grundton" innerhalb der Lerngruppe ist durch Akzeptanz, Hilfsbereitschaft und Offenheit gekennzeichnet. Dies gilt für die Kommunikation zwischen Lehrer und Schüler ebenso wie für die Beziehung zwischen den Schülern.

b) Effektiver Unterricht weist ausreichend gebundene Lernzeiten auf. Das bedeutet: Große Anteile der täglichen Unterrichtszeit in der Schule sind gut organisiert und bestehen aus konzentriertem fachlichem Unterricht.

c) Effektiver Unterricht ist hinsichtlich der Lernmedien und Lehrpläne gut durchstrukturiert. Das bedeutet: Die Lernmittel und Lerninhalte werden zielorientiert entwickelt bzw. ausgewählt, damit sich die Lernenden nicht mit widersprüchlichen Anforderungen konfrontiert sehen.

d) Effektiver Unterricht fördert konsequent aufgabenorientiertes Lernverhalten. Das bedeutet: Die Kinder erhalten sehr konkrete Einführungen zu den Lernzielen und den Lernwegen, damit sie dann selbstorganisiert arbeiten können.

e) Effektiver Unterricht ist hinsichtlich seines Curriculums strukturiert. Das bedeutet: Die Lerninhalte werden logisch aufeinander aufbauend entwickelt, damit die Schüler inhaltliche Zusammenhänge erkennen können.

f) Effektiver Unterricht findet im Rahmen eines sinnstiftenden Dialogs statt. Das bedeutet: Die unterrichtlichen Inhalte werden anhand von Leitfragen und Ideen aus dem Alltag der Kinder entwickelt. Durch das Unterrichtsgespräch soll den Schülern eine Übertragung in ihren Lebensalltag ermöglicht werden.

g) Effektiver Unterricht ist getragen durch vielfältiges Üben und Anwenden. Das bedeutet: Die Lernenden erhalten viele Möglichkeiten, das Gelernte aktiv anzuwenden und dabei unmittelbare Rückmeldung vom Lehrer zu erhalten. Die Rückmeldung sollte zunehmend auch über die Erfüllung der Leistungserwartung Auskunft geben.

h) Effektiver Unterricht unterstützt gezielt Phasen des eigenaktiven Lernens. Das bedeutet: Der Lehrer gibt den Schülern Aufgaben, mit denen sie individuell fähigkeitsorientiert selbständig arbeiten sollen und zugleich bei Bedarf Hilfen vorfinden, damit sie die Anforderungen bewältigen können. Auf diese Weise können alle Kinder auf ihrem eigenen Leistungsniveau erfolgreich sein.

i) Effektiver Unterricht enthält direkte Unterweisungsphasen für Lernstrategien. Das bedeutet: Der Lehrer erläutert Strategien des fachlichen Lernens – beispielsweise konkrete Rechenoperationen – und erklärt konkretes Vorgehen in Phasen selbstgesteuerten Arbeitens und Übens.

j) *Effektiver Unterricht fördert kooperatives Lernen.* Das bedeutet: Die Schüler arbeiten häufig in Kleingruppen und werden vom Lehrer in der Fähigkeit begleitet und betreut, sich in Partnerarbeit ein gemeinsames Verständnis des jeweiligen Lernstoffs anzueignen.

k) *Effektiver Unterricht enthält differenzierte und angemessene Formen der Leistungsmessung und Leistungsbeurteilung.* Das bedeutet: Der Lehrer bringt unterschiedliche Messinstrumente zum Einsatz, um den Leistungsfortschritt der Schüler zielorientiert festzuhalten und zugleich dem Lernenden konstruktive Rückmeldung geben zu können. Diese Leistungsmessung schließt insbesondere die individuelle und die sachliche Bezugsnorm ein.

l) *Effektiver Unterricht beinhaltet immer eine klar formulierte Leistungserwartung des Lehrers an die Schüler.* Das bedeutet: Die Lehrperson erläutert offen und verständlich, welche Leistung sie erwartet und besteht durchgängig auf das Erbringen dieser Leistung bzw. auf leistungsorientiertes Arbeiten.

m) *Effektiver Unterricht beginnt mit einem informierenden Einstieg.* Das bedeutet: Der Lehrer benennt zu Beginn des Unterrichts klar und ohne lange Hinführungsphase, worum es gehen wird. Die Vorgehensweise des informierenden Unterrichtseinstiegs beruht auf der Annahme, „dass Menschen gern etwas Sinnvolles tun und dass daher mehr Schüler ihre Lernbereitschaft von sich aus einschalten werden, wenn sie Ziel und Sinn der Arbeit kennen" (Grell & Grell 2010, 106 f.).

Thomas Hennemann und Clemens Hillenbrand (2010) weisen auf die empirisch belastbaren Befunde zur Effektivität eines bewussten *Classroom-Managements* hin. Nachdem der bundesweit kritisch diskutierte Punkt die Dominanz des Lehrers ist und wir oben bereits auf eindeutige Befunde für die positiven Effekte einer direkten Unterweisung durch die Lehrperson hingewiesen haben, soll hier auch die Bedeutung der guten und strukturierten Klassenführung betont werden. Zentraler Angelpunkt des Classroom-Managements sind die deutlichen Äußerungen des Lehrers zu seinen Erwartungen an die Schüler, zu seinen Zielen, zu seinen Strukturen und zu den geplanten Abläufen (vgl. auch Eichhorn 2011). Damit stellt das strukturierte Classroom-Management eine präventive Form effektiver Klassenführung dar. Eine solche Strukturierung wird erreicht durch:

- eine klare Ordnung im Klassenraum,
- regelmäßige Pflichten und grundsätzliche Rechte der Schüler,
- regelmäßige Abläufe und eindeutige Interaktionsformen,
- klare und konsequent umgesetzte Sanktionen bei Verstößen und
- direkte Ansagen des Lehrers hinsichtlich nächster Arbeitsschritte.

Tabelle 7: Beispiele für proaktive und reaktive Handlungen zur Strukturierung von Unterricht (vgl. auch Hennemann & Hillenbrand 2010, 259; Lohmann 2003)

	Proaktives Handeln		Reaktives Handeln	
	Prävention	**Antizipation**	**Intervention**	**Problembearbeitung**
Beziehungsarbeit	Gesprächsangebote, gute Atmosphäre, Verstärkung erwünschten Verhaltens, Zeitfenster für Gespräch	Beobachten der Erregungskurve, Konfliktvermeidung, Arbeit an der Streitkultur, Unterstützen der Artikulationsfähigkeit	Eingriff bei Streit, Trost, Tadel, Ermutigung	Nacharbeit, Auswertung des Konflikts, Strafe, Belohnung
Disziplinierung	Pflichten, regelmäßige Aufgaben, Gruppenbedeutung	Verstärkersystem, Verträge, Klassenrat	Strafe gemäß Regelsystem, evtl. Ausschluss, Schlichtung	Konsequenzen (z. B. Entzug bzw. Einräumen eines Privilegs)
Unterrichtsorganisation	Rituale, Gewohnheiten, feste Abläufe, unterrichtliche Klarheit	Rhythmisierung, Flexibilität, Individualisierung	Unterbrechung, Stuhlkreis, unechte Unterrichtszeit	Themenwahl, Individualisierung, Unterrichtsgespräch

Durch Unterrichtsfluss, durch Präsenz und Stopp-Signale, durch klare Regeln und durch breite Aktivierung handelt der Lehrer proaktiv und muss nicht einer möglicherweise unguten Entwicklung in der Klasse hinterherlaufen (vgl. Hennemann & Hillenbrand 2010). Proaktives Unterrichten ermöglicht auch schwächeren Risikokindern in der Schuleingangsphase eine störungsarme Teilnahme am Unterricht und schafft Sicherheit durch klare Strukturen. Tabelle 7 zeigt proaktive Handlungsformen des Lehrers, die mit strukturiertem Classroom-Management einher gehen.

Fokussieren wir nun in einem nächsten Schritt noch einmal enger und nehmen den individuellen Lerner ins Visier. Heinrich Roth (1963) stellt sein Verständnis des idealtypischen Lernprozesses vor und behauptet, dass so oder ähnlich jeder gelingende Lernprozess in der Schule ablaufe. Weil es keine namhaften Gegenstimmen gab, orientieren wir uns für ein paar Leseminuten an seinem Lernmodell und überlegen, welche Beeinträchtigungen auf individueller Ebene selbst im Rahmen eines nach den 13 zentralen Prinzipien für die Effektivität ausgerichteten Unterrichts auftreten könnten.

Abbildung 10: Der idealtypische Lernprozess (vgl. Roth 1963)

In knappen Worten beschrieben, verläuft der idealtypische Lernprozess so: Das lernende Schulkind ist interessiert, neue Dinge und zu lösende Rätsel kennenzulernen, und lässt sich im jeweiligen Unterricht motivieren, über die eingeführten Lerninhalte nachzudenken. Die vorgestellten Sachverhalte sind verständlich und nachvollziehbar oder erregen einen *Widerstand*, weil der Schüler nicht versteht, was erklärt wird. Entweder ist ihm nicht klar, was der Lehrer aussagen will, oder er versteht einzelne Schritte nicht – oder aber die gestellte Aufgabe lässt sich auf den ersten Blick nicht lösen. Der Widerstand weckt nun seine Neugierde. Er will wissen, was da los ist, wie das funktioniert oder welche Schritte zu einer Lösung des Problems führen. Sobald er *Einsicht* über denkbare Lösungswege erlangt hat, führt er das Problem einer *Lösung* zu und *übt* bzw. wiederholt die Lösungsschritte in verschiedenen Formen. Den Abschluss des gelungenen Lernprozesses bildet die Fähigkeit, das Gelernte so weit zu abstrahieren, dass eine *Übertragung* auf andere Lebensbereiche, die Entwicklung von *Prinzipien* oder die Entwicklung einer einfachen Eselsbrücke oder Faustregel möglich wird.

Emil E. Kobi stellt in seinem Buch *Die Rehabilitation der Lernbehinderten* denkbare Beeinträchtigungen im idealtypischen Lernprozess zusammen (Kobi 1980, 23 ff.). Wir greifen einige von ihnen auf und erweitern sie durch Ableitungen aus unseren aktuellen Erkenntnissen zu verschiedenen Dimensionen sozialer Benachteiligung in Deutschland. Ideen für die Förderung bei Beeinträchtigungen im Bereich der Motivation können grundsätzlich nur auf der Grundlage einer Reflexion über die ganz speziellen Lebenssituationen und primären Bedürfnisse der einzelnen Kinder entwickelt werden. Allerdings lassen sich allgemeingültige Schwerpunktüberlegungen jeweils kurz zusammenfassen.

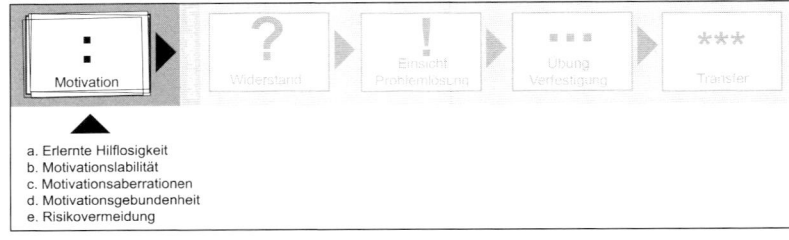

Abbildung 11: Beeinträchtigungen im Bereich der Motivation

1. Beeinträchtigungen des idealtypischen Lernprozesses im Bereich der Motivation

a) Martin Seligman (2010) beschreibt mit dem Phänomen der *erlernten Hilflosigkeit* einen Motivationszustand, in dem Kinder nicht (mehr) erwarten, dass ihr persönliches Erleben von eigenen Aktivitäten abhängig ist. Durch einen Lernprozess, in dessen Verlauf sie begreifen mussten, dass ihr eigenes Ergehen Folge der Handlungen *anderer* Menschen ist, tritt mit der Zeit Resignation im Blick auf die eigene Wirksamkeit ein. Weil die so genannte Kontrollüberzeugung einen Nullpunkt erreicht hat, ist eigene Aktivität „überflüssig" und wird nicht mehr gezeigt. Kinder legen mit der Zeit eigene Handlungsimpulse ab, wenn sie häufig erlebte Misserfolge fälschlicherweise konsequent auf ihre eigene Unfähigkeit beziehen. Solche Ohnmachtserfahrungen können sowohl trau-

114

matisierende Erlebnisse sein, können aber auch erlebte Diskriminierungsprozesse oder Deprivationserfahrungen sein. Die Kinder nehmen Motivationsstimulation dann zwar noch wahr, fühlen sich aber nicht angesprochen, weil sie sich ohnehin nicht selbstwirksam fühlen.

Tipp: Kinder können auch im Lernprozess Selbstwirksamkeit wieder erlernen. Hierzu sind allerdings vielerorts verbreitete offene Lernformen u. U. wenig hilfreich. Jede Form der Gruppenarbeit ist für Kinder, die unter erlernter Hilflosigkeit leiden, kontraindiziert. Sie müssen die Möglichkeit erhalten, in kleinschrittigen Prozessen ganz neu ihren Einsatz mit ihrem Ergehen und Erfolg in Verbindung zu bringen. Dabei sollte jede Art Rückmeldung unmittelbar auf das eigene Handeln zurückzuführen sein. Je unmittelbarer ein Feedback auf das eigene Tun erfolgt, desto wirksamer kann dieser Beeinträchtigung im Bereich der Motivation begegnet werden. Jürgen Wilbert (2010) reflektiert in diesem Zusammenhang Funktion und sinnvolle Ausgestaltung der Schulnoten als elementaren Bestandteil „schulischer Kommunikation" (Wilbert 2010, 74 ff.). Dabei ist von entscheidender Bedeutung, dass die jeweilige Bezugsnorm bewusst gewählt wird. Ein Schüler, der wieder zu glauben beginnt, dass sich eigenes Engagement doch lohnt, wird im Vergleich zur restlichen Klasse (*soziale Bezugsnorm*) keine bombastischen Leistungen abliefern können. Über dieses Maß gemessen, müsste er noch lange eine negative Rückmeldung erhalten. Die *individuelle Bezugsnorm* hingegen gibt Raum für eine kindbezogene positive Würdigung des persönlichen Fortschritts. Ebenso sollte Leistungsverringerung negativ bemerkt werden. Mit der Zeit gewinnt dann auch die *sachliche Bezugsnorm* an Bedeutung. Auf diese Weise lernt der Schüler konkret, dass seine eigene Leistung und eben die Steigerung derselben positiven Eindruck hinterlässt – also Wirkung zeigt. Er kann sich wieder als wirksam erleben (Wilbert 2010, 77 f.).

Die b) *Motivationslabilität* (Kobi 1980, 28) beschreibt einen Zustand, der zeitweise überschießende Motivation und geradezu überbordende Aktivität beinhaltet – und kurz darauf in Motivationsschwäche verfällt, die einem Zusammenbruch gleicht. Erfolglosigkeit und Misserfolgserlebnisse veranlassen die so beeinträchtigten Kinder immer wieder, sich gegen ein Versinken in Apathie und Gefühllosigkeit aufzulehnen. Allerdings stellt die Motivationslabilität ein Problem für den schulischen Lernprozess dar.

Tipp: Kinder mit Motivationslabilität sind verzweifelte und verunsicherte Kinder, die sich gegen ihr Versinken in der Handlungsunfähigkeit auflehnen. Sie brauchen Hilfe in der Strukturierung ihrer Aufmerksamkeit und hinsichtlich ihrer Arbeitsstrategien. Motivationsanregungen sollten zugleich Strukturierungshilfen beinhalten, die die betreffenden Kinder anleiten, wie sie mit der Anregung umgehen können und wo Anknüpfungspunkte für ihre Vorkenntnisse zu finden sind. Franz Wember (2011b) weist in seinen Ausführungen zum *direkten Unterricht* als Strategietraining auf eine besondere Phase der Aktivierung und Motivierung hin. Eine Strukturierungsphase, die in Form direkter Instruktion durch den Lehrer geschieht, ist für viele Schüler bereits zur Festigung ihrer Motivationslage unabdingbar. Solche Strukturierungshilfen können auch klare Anweisungen beinhalten, bestimmte Erinnerungen wach zu rufen oder dieses oder jenes nochmal zu erzählen. In einer zweiten Phase kann der Lehrer dann die konkrete Lösungsstrategie erläutern.

Die c) *Motivationsaberrationen* stellen im schulischen Lernprozess ein besonderes Problem dar, weil bereits in der Bezeichnung des Zustandes Definitionsbedarf besteht. Die betreffenden Kinder sind motiviert. Eventuell sind sie sogar hochmotiviert. Der Lehrer bringt einen Gegenstand mit und erläutert kurz die Aufgabenstellung, indem er spezifische Anreize für die Motivation setzt. Er tut dies mit einer bestimmten beabsichtigten Bewegungsrichtung für das Denken und Interesse seiner Schüler. Aber er tut dies eventuell an der aktuellen Lebensgeschichte und Lebensproblematik seines Schülers oder sogar verschiedener Schüler vorbei, weil er nicht ermessen kann, welche Entwicklung im Leben der Schüler welche Assoziationen in welche Richtung auslösen (vgl. hierzu Heckhausen & Heckhausen 2010). Der Schüler mag kaum zu stoppen sein, läuft aber aus Sicht des Lehrers gedanklich völlig in die falsche Richtung. Anhand dieser Beeinträchtigungsform wird besonders deutlich, wie einschneidend sich Lebenswelten und Wahrnehmungsmuster unterscheiden können – und wie sich auf diese Weise soziale Benachteiligung im schulischen Lernprozess niederschlägt.

Tipp: Motivationsaberrationen sind nur vor dem Hintergrund falscher Bezugsnormen ein Manko. Grundsätzlich liegt ein hohes Maß an Motiviertheit vor und sind Kinder am Werk, die sich ansprechen und in Bewegung setzten lassen. Wenn die Motivationsrichtung allerdings nicht im Bereich schulischer Ziele liegt, wird sie schnell als Aberration eingestuft und das Kind möglicherweise als verhaltensgestört oder lernunwillig abgetan. Einschlägige Kenntnis der denkbaren Sozialisationshintergründe sozial benachteiligter Kinder gibt Aufschluss darüber, welche Logiken und welche Bedürfnisse hinter den Konstruktionen der Schüler stecken können. Möglicherweise läuft hier sowohl die Themenwahl für die vorgesehene Stunde als auch der Einstieg zu stark nach den milieuspezifischen Regeln der Lehrkraft. In verschiedenen Kontexten hat sich bewährt, die Kinder selbst ihre eigenen Motivationsphasen planen zu lassen. Dies geschieht entweder, indem sie Fragen entwickeln, die Antworten erfordern, oder indem sie sich gegenseitig in rechtzeitiger Absprache mit dem Lehrer Stundenanfänge präsentieren. Auf diese Weise kann der Lehrer gemeinsam mit seinem Schüler ein Stück Biographiearbeit leisten und lebensweltliche Motive verarbeiten.

Eine weitere Form der Motivationsbeeinträchtigung wurzelt in der bereits erläuterten Bindungsbenachteiligung von Kindern aus Risikofamilien. Die *d) Motivationsgebundenheit* stellt eine „extreme bzw. nicht mehr altersgemäße soziale Gebundenheit der Leistungsmotivation an bestimmte Personen" dar (Kobi 1980, 29). Kinder, die aufgrund früher unsicherer Beziehungen zu ihren primären Bezugspersonen z. B. ein unsicher-ambivalentes Bindungsmuster entwickelten, erleben Motivationsbeeinträchtigung, indem sie nur zum Lernen motiviert sind, wenn eine spezielle Person anwesend ist. Marvin knobelt im Mathematik- und Heimat-und Sachkundeunterricht also nur mit, wenn Frau Schmidtbauer anwesend ist. Von anderen Lehrkräften ist er für diese Fächer – und überhaupt – nicht zu begeistern. Motivationsgebundenheit kann sich auch hinsichtlich eines Raumes, einer Uhrzeit oder einer Schülergruppe entwickeln.

Tipp: *Motivationsgebundenheit gründet in dem Wunsch nach Sicherheit durch menschliche Nähe.* Der erste Schritt zur Lösung ist eine bewusste Beziehungsarbeit in der Schule bzw. in der jeweiligen Klasse. Arbeitsmodelle von sicheren Bindungsmustern stellen ein Lernziel für unsicher gebundene Kinder dar. Sie benötigen in sicherem Rahmen Diskontinuitätserfahrungen, was ihre unsicheren Bindungserwartungen betrifft. Wenn sie erleben, dass es sichere Bindung gibt und sie nicht unablässig mit aktiviertem Bindungssystem in der Schule sitzen, können sie lernen, entspannt zu lernen (vgl. Julius 2010). Einen weiteren Schritt stellt die Doppelbesetzung der Arbeitssituation durch zwei Lehrkräfte dar. Unter Umständen können auch mehrere motivationsgebundene Kinder von ihrer eigenen Lehrkraft und den Lehrkräften der anderen Schüler gemeinsam betreut werden. In diesem Setting könnte die Bedeutung der Bezugslehrkraft für „ihr" Kind lediglich auf die Anwesenheit beschränkt werden. Betreut werden alle motivationsgebundenen Kinder durch die anderen Lehrkräfte. Auf diese Weise können sie in einem „sicheren" Arrangement lernen, auch mit Bezug zu anderen Menschen Motivation zu entwickeln.

Eine fünfte Form der Motivationsbeeinträchtigung ergibt sich aus dem negativen Selbstbild, das viele sozial benachteiligte Schüler entwickelt haben. Fortan bauen sie grundsätzlich auf *e) Risikovermeidung* und beziehen dies auch auf jede Form des Lernens. Weil sie ihre „Minderwertigkeit" anhand der erlebten Ausgrenzung und möglicherweise auch durch überstandene Traumata wahrgenommen haben, leben die Kinder in einem Modus der Risikominimierung. Um weitere Verletzungen, Enttäuschungen und letztlich Gefährdungen zu vermeiden, lassen sie sich auf kein Risiko des Scheiterns mehr ein und nehmen nur „Herausforderungen" an, die sie von vornherein absehbar leicht bewältigen können. Im schulischen Lernprozess klinken sich diese Kinder in der frühen Motivationsphase des Unterrichts aus. Sie lernen nicht, weil das Lernen zu riskant geworden ist (vgl. Katzenbach 2004). Während erfolgreiche Schüler ihr positives Bild von den eigenen Fähigkeiten immer weiter ausbauen, hat das negative Selbstkonzept der risikovermeidenden Schüler fortwährend ungünstige Effekte auf die Risikobereitschaft.

Tipp: Kinder sind bereit, überschaubare Risiken einzugehen, wenn sie über ein starkes Selbstbewusstsein verfügen. Wenn der vom Kind so gefühlte Automatismus, dass ein Lernrisiko grundsätzlich zum Scheitern führt, durchbrochen wird und es dem Lehrer gelingt, Erfolg in den realen Optionsbereich des Lernprozesses zu rücken, kann sich das Kind wieder auf den Lernprozess einlassen. Selbst im Falle weiterer Misserfolge ermöglicht eine ganzheitlich positive Einstellung zur eigenen Stärke und Leistungsfähigkeit das Einlassen auf Lernen. Wenn Sie mehrere Kinder in der Lerngruppe haben, die Risiken scheuen, sind neben grundsätzlichen selbstbewusstseinsstärkenden Maßnahmen auch gruppenübergreifend konkrete Veränderungen zu Beginn eines Lernprozesses sinnvoll. Die folgenden Ideen klingen zwar banal, stellen aber einfache Hilfen für die neue Annäherung an das Lernen dar:

- Definieren Sie kleinst-schrittig den geplanten Lernprozess,
- sorgen Sie zu jeder Zeit für eine angstfreie und respektvolle Atmosphäre,
- erläutern Sie viele denkbare kleine Lernerfolge, die bereits in der noch unbestimmten Motivationsphase liegen können, und schließlich
- ermöglichen Sie dem Kind in der ersten Phase eine unbeschwerte und kreative eigene Definition dessen, was Lerngegenstand sein soll, damit nicht ein fremdes „großes" Ziel, sondern eine selbst festgelegte Etappe das Aktivationsniveau bestimmt.

2. Beeinträchtigungen des idealtypischen Lernprozesses im Bereich des Widerstandserlebens

Im idealtypischen Lernprozess entsteht eine Dissonanz zwischen dem Beobachteten oder Gehörten und dem, was ich schon weiß. Ich gerate ins Stocken, weiß nicht weiter, beginne zu rätseln und suche eine Erklärung für „das Neue". Dieser für das Lernen wichtige Widerstand wird aber bei Schulkindern auf unterschiedliche Weise erlebt und führt u. U. zur Beeinträchtigung des gesamten Lernprozesses (Kobi 1980, 33).

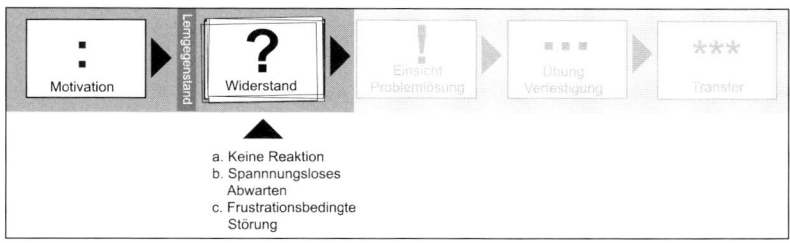

Abbildung 12: Beeinträchtigung im Bereich des Widerstandserlebens

a) Einige Kinder registrieren den Widerstand gar nicht. Sie erkennen die „Merkwürdigkeit" nicht und schauen über Ungereimtheiten hinweg. Ein derartiges Phänomen können Sie bei einer Zaubervorstellung im Kindergarten beobachten. Die Vorschulkinder erkennen in der Regel den Widerstand. Sie „wissen" schon, dass kein Zauberer der Welt eine Münze durch den Ärmel in einen Becher zaubern kann und wollen jetzt wissen, „wie er das gemacht hat". Ihre jüngeren Geschwister dagegen freuen sich häufig einfach nur über die tolle Überraschung – nach dem Motto: „Wo zaubert er die Münze wohl als nächstes hin?" Ein solches Nicht-Registrieren von Widerständen wird im schulischen Kontext bisweilen auf mangelnde kognitive Leistungsfähigkeit zurückgeführt. Bei sozial benachteiligten Kindern handelt es sich aber häufig um Lernprozesse, die thematisch außerhalb ihrer Welt liegen. Begemann (1968) spricht in Zusammenhang mit der Förderung so genannter „soziokulturell benachteiligter" Kinder von der Notwendigkeit einer *Eigenwelterweiterung* als didaktischer Aufgabe. Einfacher ausgedrückt kann man in vielen Fällen sicherlich auch schlicht von mangelnder Allgemeinbildung sprechen. Dieser Sachverhalt trifft auf manches Nicht-Registrieren eines Widerstandes zu, wenn der Lerngegenstand an sich der Welt des sozial benachteiligten Schülers fremd ist. Hier muss sorgfältig von einer Intelligenzminderung unterschieden werden.

Tipp: *Ein reger Austausch über Vorlieben, Gewohnheiten und Prioritäten* aus der Welt des Lehrers und aus der Welt des benachteiligten Schülers hilft sowohl derartige Beeinträchtigungen zu vermeiden als auch den Horizont beider Gesprächspartner zu erweitern. In jedem Fall lohnt es sich, den möglichen Grund eines Nicht-Registrierens zu besprechen.

b) Spannungsloses Abwarten auf die Fortsetzung der Geschichte ist zur Gewohnheit vieler Kinder geworden. Sie haben häufig niemals gelernt, Spannung aktiv zu ertragen und an ihrem Abbau mitzuwirken, weil sie im Unterschied zu früheren Generationen und im Unterschied zu anderen Milieugruppen die Geschichten in ihrem Wissensbestand zum Großteil (passiv) „erlebt" und nicht „erlesen" oder „erstritten" haben. Wenn Kinder von Beginn ihrer schulischen Sozialisation an lernen, spannende Geschichten, Rätsel und Abenteuer entweder vorgelesen zu bekommen oder durch eigenes Lesen zu erarbeiten, lernen sie Spannungen zu ertragen und auszutragen. Wenn sie allerdings in der Regel Spannung durch Stillhalten „bewältigen", indem sie z. B. einen Film schlicht weiterlaufen lassen und mehr oder weniger en passent erfahren, wie die Geschichte ausgeht, kann dies zum Grundmuster ihres Umgangs mit Rätselhaftem, Ungeklärtem – und eben mit Widerständen im Lernprozess – werden. Von außen betrachtet sieht ein solches Kind manchmal einfach nur dumm aus. Es schaut vielleicht glasig in die mittlere Ferne und wartet. Allerdings handelt es sich dabei nicht um Dummheit, sondern schlicht um Gewohnheit, auf diese Weise Widerstände in ihrer Auflösung zu beobachten.

Tipp: Bauen Sie keinen Widerstand ab, bevor sich die Kinder aktiv an der Beschreibung und der „Besteigung" des Berges beteiligt haben. Ein selbst formulierter Widerstand, der klar im Raum steht, ist der beste Garant dafür, dass sich ebenfalls Widerstand im Kind regt. Widerstand gegen den Widerstand.

c) Frustrationsbedingte Störungen verhindern den erfolgreichen Umgang mit dem Widerstand. Dabei stellt diese Bezeichnung im Grunde ein Sammelbecken für unterschiedliche Einflussfaktoren auf den misslingenden Umgang mit Widerständen dar. Der Begriff *frustra*, lat. für vergeblich, nutzlos, erfolglos, umsonst, soll hier nicht als Bezeichnung für etwas Negatives verstanden werden. Der erfolglose Ausgang eines Lernprozesses ist nicht per se negativ. Auch ist ein Lernprozess mit großem Widerstand an sich nicht zwingend frustrierend. Selbst erfolglose und vergebliche Versuche *(= frustra)*, einen Widerstand zu überwinden bzw. ein Nicht-Wissen aufzulösen, ist nichts Schädliches – auch wenn in diesem Zusammenhang von einer Frustration gesprochen werden kann. Frustrationsbedingte Störungen im Widerstandserleben entstehen dann, wenn Misserfolge im Lernprozess nicht angemessen verarbeitet werden können. Die Erfahrung beispielsweise, dauernd an einem zu hohen Anspruch zu scheitern, kann zu einer frustrationsbedingten Störung führen, wenn die Attribuierung nicht aufgearbeitet wird. Ebenso führt ein permanent zu niedriges Anspruchsniveau zur Verletzung des Selbstwertgefühls. Sowohl dauerhaft ansatzlos zu überwindende Hindernisse als auch durchgängig nicht zu bewältigende Herausforderungen verderben eine leistungsorientierte Bearbeitung des Lernwiderstandes.

Tipp: Helfen Sie den Kindern, ihre eigene Leistung richtig zu bewerten. Sollten die Kinder ständige Hilfen gewohnt sein und aus diesem Grund kein angemessenes spannungsvolles Widerstanderleben mehr zeigen, reflektieren Sie die Attribuierung von Hilfen und bauen Sie diese ab.

3. Beeinträchtigungen des idealtypischen Lernprozesses im Bereich der Problemlösung

Problemlösungen stellen für alle Kinder in gleichem Maße eine Herausforderung dar. Allgemeine Grundregeln sind an diesem Punkt schnell zusammengefasst. Für die Entwicklung von Problemlösefähigkeit werden im Wesentlichen vier Ratschläge gegeben:

- eine herausfordernde Situation anbieten,
- Zeit lassen,
- das Augenmerk der Lernenden auf das Problem richten und
- verschiedene Lösungswege der Lerngruppe beispielhaft diskutieren.

In der Entwicklungstheorie von Robbie Case stellt die Entwicklung der Problemlösefähigkeit im Reifeprozess der Kinder ein zentrales Element dar (Case 1999). Über verschiedene Altersstufen hinweg entwickelt sich die Problemlösefähigkeit in vier Hauptstufen bis zum 18. Lebensjahr idealtypisch durch die Ausbildung altersgemäßer Strukturen. So werden Probleme in der 1. Hauptstufe (1–18 Monate) sensomotorisch angegangen, während die Komplexität der Problemlöseoperationen über die Hauptstufen mit den je drei Teilstufen zunimmt. Case beschreibt

- im Kleinkindalter (1–18 Monate) die *sensomotorische* Hauptphase
- in der frühen Kindheit (bis 5 Jahre) die *relationale Kontrollstrukturen*
- in der mittleren Kindheit (bis 9 Jahre) die *dimensionalen Kontrollstrukturen* und
- in der Adoleszenz (bis 18 Jahre) die *abstrakten* oder *vektoriellen Kontrollstrukturen.*

Dabei betont Case den kognitiven Charakter seiner Entwicklungstheorie. Mangelnde Problemlösefähigkeit weist auf eine Entwicklungsverzögerung hin, die durch konkrete Fördermaßnahmen angegangen werden können.

Da sich sozial benachteiligte Kinder in ihrem Lern- und Problemlösungsvermögen nicht grundsätzlich von sozial bevorzugten Kindern unterscheiden, die Problemlösefähigkeit aber zugleich einen wichtigen Schwerpunk der PISA-Studie darstellte, sei hier lediglich auf zwei gründliche Veröffentlichungen zum Thema verwiesen. Es sind dies die Monographie von Christina Collet (2009) und der Beitrag von Ilonca Hardy (2007).

4. Beeinträchtigungen des idealtypischen Lernprozesses im Bereich der Übung/der Verfestigung

Aus den spezifischen Sozialisationsbedingungen vieler sozial benachteiligter Kinder, die beispielsweise in Risikofamilien aufwachsen, ergeben sich überwiegend verhaltensbedingte Schwierigkeiten bei der Übung und Verfestigung im Lernprozess.

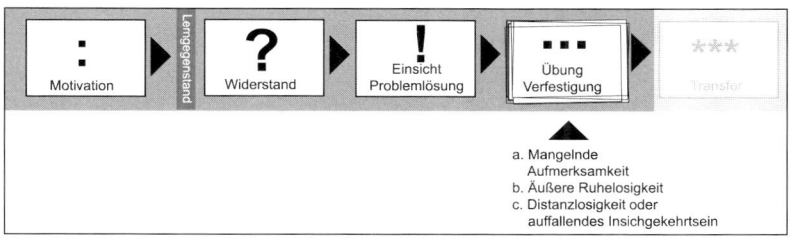

Abbildung 13: Beeinträchtigungen im Bereich Übung und Verfestigung

a) Mangelnde Aufmerksamkeit im Üben und Verfestigen kann in vielen Fällen als Folge unglücklicher Lernsozialisation angesehen werden. Effektive Aufmerksamkeitssteuerung unterliegt in hohem Maße einem Gewöhnungsprozess bzw. auch einem inneren Steuerungsprozess und bedarf bewusster Förderung und Übung. In einigen Fällen liegt auch eine diagnostizierbare Aufmerksamkeitsstörung vor, die dann entsprechend therapiert werden sollte (Ellinger 2010c).

b) Äußere Ruhelosigkeit und innere Unruhe sind oft Folge von Verunsicherung, Angst und Strukturlosigkeit. Allerdings können sie auch auf eine Hyperaktivitätsstörung hinweisen, deren sorgfältige Überprüfung angegangen werden sollte.

c) Distanzlosigkeit oder auffallendes Insichgekehrtsein sind Folgen unsicherer Bindungsmuster und wirken sich auf das Durchhaltevermögen im Übungsprozess negativ aus, weil der betreffende Schüler permanent mit seinem aktivierten Bindungssystem beschäftigt ist (Ellinger 2007; Julius 2010).

Tipp: *Helfen Sie den Kindern, wieder Zugang zum Üben zu finden, indem Sie niederschwellige und lohnenswerte Übungsanlässe schaffen.* Das kann zunächst über Spielgeräte oder Fertigkeiten gelingen. Schaffen

123

Sie beispielsweise einen Satz JoJos an und lassen Sie die Kinder immer wieder (oder permanent?) ein bisschen üben. Oder versuchen Sie den Zugang über Jonglierbälle, die am Ende meisterhaft beherrscht werden können. Wenn Kinder grundsätzlich erleben, dass sie sich zur Übung überwinden und nachweislich etwas damit erreichen, übertragen sie dies mitunter auf einen schulischen Lernprozess.

5. Beeinträchtigungen des idealtypischen Lernprozesses im Bereich des Transfers

Ziel eines schulischen Lernprozesses ist in der Regel die Fähigkeit des Schülers, über den allzu trivialen Lerneffekt hinaus ein Prinzip festzuhalten, eine Regel zu beherzigen oder den gelernten Sachverhalt auf andere – ähnliche – Problemlagen übertragen zu können. Anwendungen für Musterlösungen im sozialen Leben, für Rechenoperationen auf verschiedenen Mathematikniveaus oder für chemische Prozesse in der Biologie z. B. für Hygieneprozesse gibt es im Alltag viele. Auch hier zeigt sich allerdings die Schwierigkeit, dass die Welt der sozial benachteiligten Kinder häufig begrenzter ist als sich Angehörige anderer Milieus vorstellen können. So ergibt sich insbesondere im Bereich der Transferleistung die Herausforderung, gemeinsam mit den Kindern Beispiele aus beiden Lebenswelten zu finden und zu besprechen. Ausgangspunkt für die didaktischen Überlegungen zu Transfers muss in jedem Fall die „Eigenwelt" der Kinder sein. Katja Koch betont, dass der Bezug zu dieser individuellen Lebenswelt der Kinder oberstes Prinzip sein muss, „da Inhalte, die diesen Bezug nicht aufweisen, für diese Kinder gleichgültig bleiben" (Eiblmeier & Koch 2006, 367).

Der idealtypische Lernprozess stellt das formale Zentrum schulischen Lernens dar. Wie oben aufgezeigt, erwächst Mündigkeit, Selbstbewusstsein und soziale Teilhabe aus der gezielten Unterstützung im konkreten Lernprozess. Wenn sozial benachteiligte Kinder in die Lage versetzt werden, ihr Begabungspotential auszuschöpfen, können sie einen Platz in der Gemeinschaft und die damit verbundene Anerkennung erlangen.

Literaturempfehlung

Zum Thema Motivationsförderung: Wilbert (2010) und zum Thema Unterricht und Didaktik: Heimlich & Wember (2011); Kaiser et al. (2011)

3.2 „Sozial benachteiligt" ist keine homogene Gruppe

3.2.1 Soziale Spaltung entsteht außerhalb der Schule

Sozial benachteiligte Kinder, das dürfte in den vorangegangenen Kapiteln deutlich geworden sein, stellen eine bunte Gruppe mit sehr unterschiedlichen Lebenskontexten dar. Kinder aus armen Familien, Kinder mit Migrationshintergrund und Kinder aus Flüchtlingsfamilien, Risikokinder und traumatisierte Kinder – sie alle weisen primär keine körperlichen Behinderungen irgend einer Art auf und wurden von unserem selektiven Schul- und Betreuungssystem bisher in keiner eigenen Sonderschule oder sonstigen Institution „aufgefangen", sondern „laufen" in verschiedenen anderen Institutionen mit bzw. scheitern in verschiedenen Instanzen. Schulen, die sich explizit an marginalisierte Bevölkerungsgruppen richten (Sinti und Roma oder Kinder beruflich Reisender etwa), sind in Deutschland nur vereinzelt zu finden. Daneben haben sich informell schulische Spezialformen herausgebildet, in deren organisatorischem Rahmen Lehrkräfte z. B. an Bahnhöfen oder in Obdachlosensiedlungen unterrichten. Joachim Schroeder (2002) weist überdies zurecht darauf hin, dass im Blick auf die Gruppe der Armen und der Ausländer in Deutschland traditionell sozialräumliche Mechanismen wirksam werden: In bestimmten Stadtteilen wohnen entweder vorwiegend Hartz IV-Empfänger oder wohnen viele Ausländer oder wohnen die wohlhabenderen Familien, deren Kinder dann jeweils ihre Sprengelschule und später „ihre" weiterführende Schule besuchen. Aus dieser Perspektive lässt sich auch die in den deutschen Bundesländern sehr unterschiedlich diskutierte Debatte um Sonderschulen und inklusive Schulen verstehen. Einige Bevölkerungsgruppen leben in manchen Bundesländern nur vereinzelt und in anderen schwerpunktmäßig. So gesehen bilden sich „unter der Hand" Grund- und

Hauptschulen, die einen hohen Ausländeranteil oder einen hohen Anteil Hartz IV-Empfänger aufweisen. Informelle *Ausländer-Förderschulen* bzw. *Förderschulen Hartz IV* sozusagen. In den Medien und unter Kollegen wird in diesem Zusammenhang mitunter auch von „Brennpunktschulen" gesprochen. Wenn die Ausrichtung einer solchen Schule allerdings dann „offiziell" wird, geht freilich ein empörter Aufschrei durch das Land – wie im Fall der Wattenscheider „Hartz IV-Schule" (Grund 2010).

Was soll nämlich eine gute deutsche Schule leisten? Offensichtlich besteht Konsens über einen Mechanismus, den Pierre Bourdieu (2001) in *Wie die Kultur zum Bauern kommt* beschreibt und der trotz aller Schwierigkeiten hoch gehalten wird: Es gibt einen „richtigen/wichtigen" Wertekanon und davon abgeleitete Bildungsinhalte – diejenigen der bürgerlichen Mitte –, und diese befinden darüber, was (und in vielen Fällen auch wie) gelernt werden muss. Schulabschlüsse, Lernziele, Effekte guten Unterrichts und vieles andere sind konsequent von bürgerlichen Lebensentwürfen abgeleitet. Die Herausforderung einer Förderung derjenigen, die sozial nicht integriert sind, sondern als sozial benachteiligt gelten, scheint konsensfähig darin zu bestehen, sie gewissermaßen „einzuorden" und einem Bildungsparadigma zu unterwerfen, dem ihre Lebenswirklichkeit nicht entspricht. Die in Kapitel 1 referierten Zahlen zu den Schulerfolgen und zur sozialen Spaltung Deutschlands geben Auskunft darüber, wie (wenig) erfolgreich dieser Ansatz ist. Ziel muss die soziale Integration sozial benachteiligter Kinder und Jugendlicher in die Gesellschaft – nicht in erster Linie in die Schule! – sein. Leisten wir uns zunächst den Luxus und stellen die Lebenssituation der referierten Gruppen sozial Benachteiligter auf engem Raum zusammen. Wir beschreiben also die jeweilige Schülergruppe zum dritten Mal, diesmal mit Schlussfolgerung für die Förderung. Dies geschieht nicht im Blick auf *Defizite*, sondern im Blick auf *Bedarfe*. Diese Bedarfe sind nicht vom Ideal der bürgerlichen Mitte abgeleitet, sondern gehen von Möglichkeiten und Stärken der Kinder aus.

Literaturempfehlung

Zum Thema Schule und soziale Spaltung; Liebau & Zirfas (2008); Quenzel & Hurrelmann (2010)

3.2.2 Förderung armer Kinder

Kinder aus armen Familien befinden sich häufig in einem *Teufelskreis der Armut* und reproduzieren ihre Lebensverhältnisse. Dabei spielen individuell unterschiedliche Faktoren eine entscheidende Rolle (vgl. Chassé 2007; 2010; Koch 2007b; Müller 2005; 2008) und legen spezifische pädagogische Interventionen nahe:

a) Das Familieneinkommen ist sehr gering und führt objektiv zu Geldmangel. Das Thema Geld wird über Gebühr betont und das gesamte Leben um den denkbaren zusätzlichen Erwerb von Geld herum strukturiert und geplant. Striktes Sparen bestimmt den Alltag. Notwendige Anschaffungen sind nur eingeschränkt möglich. Dazu gehören neben Kleidung, Nahrungsmitteln und Wohnungseinrichtung auch Bildungs- und Kulturgüter. Häufig müssen gebrauchte Gegenstände erworben werden und bisweilen ist die Ausstattung der Kinder stark von der jeweiligen Prioritätensetzung der Eltern abhängig. Viele arme Familien sind überschuldet, fahren niemals in Urlaub und leben unter hohem psychischem Druck. Andererseits ist häufig bemerkenswert, welches Ausmaß an Stressresistenz Kinder in solchen Lebenslagen aufbauen können – und dass sie oft in ihre eigenen Phantasiewelten fliehen, um dort all das zu genießen, was sie im wirklichen Leben vermissen müssen. Hilfen können hier Lehrkräfte leisten, die zunächst Sensibilität für Armut entwickelt haben. Ein Kind, das ganzjährig mit Gummistiefeln zur Schule kommt, selten oder nie notwendige Schulsachen bei sich hat, im Winter zu leicht oder im Sommer zu warm gekleidet ist, hat möglicherweise ein konkretes finanzielles Problem. Ein Lehrer, der sich mit öffentlichen finanziellen Hilfeangeboten, mit der örtlichen Infrastruktur z. B. von Sozialkaufhäusern und im Antragsrecht auskennt, kann hier sensibel und konkret helfen. Zudem sollte nicht leichtfertig mit zusätzlichen Kosten umgegangen werden, die häufig an die Schüler weitergegeben werden. Andererseits sind oft kleine Anerkennungen sehr bedeutend und können Lehrer in höheren Klassen bezahlte Jobs (Babysitten, Botengänge, Aushilfen) vermitteln und begleiten.

b) Es bildet sich eine „innere Armut" (Müller 2008, 39) heraus. Diese zeigt sich darin, dass die betreffenden Kinder keine Veränderung mehr ermöglichen können, sondern sich äußeren wie inneren Zwängen ausgeliefert sehen. Hierdurch entsteht der paradoxe Zustand eines völligen Ausgerichtetseins auf materielle Dinge, die immerzu als Inhalt des Glücks erstrebt werden. Innerer Reichtum, der durch Liebe, emotionale Sicherheit und immaterielle Werte entsteht, kann zunehmend schwer entstehen. Außerdem fehlen die Gelegenheiten, Eindrücke, überwältigende Erlebnisse oder innere Verbundenheit zu sammeln. Das Leben droht zugleich, Rituale, Orientierung und Glauben vermissen zu lassen. Bemerkenswert ist in vielen Fällen die starke Motivation und unendlich erscheinende Energie, auf jedem denkbaren Weg Geld zu verdienen oder Geld zu beschaffen. Häufig ist die Jagd nach demonstrativen Anschaffungen und Symbolen der Mittelschicht so stark ausgeprägt, dass sich die z. T. verschobenen Prioritäten der Eltern weg vom wirklich Nötigen und Wichtigen hin zu Symbolen bereits in den Planungen der Kinder niederschlagen. Sie wünschen sich dann z. B. lieber ein neues Smartphone, als bei der Klassenfahrt nach Rom dabei sein zu können.

c) Der Kontakt- und Erfahrungsspielraum ist eingeschränkt (vgl. Chassé 2010). Soziale Beziehungen können sich nicht – wie bei Kindern aus anderen Familien – über Vereine, bei Kinoverabredungen, „beim Shoppen" oder im Austausch über Urlaubsfahrten bilden, sondern bewegen sich im sozialen Netzwerk der Eltern und der unmittelbaren Nachbarschaft. Im weiteren Verlauf bilden sich auch Freundschaften anhand der vorrangigen Aufenthaltsorte der Kinder und werden gefestigt durch Äußerlichkeiten. Arme Kinder vernetzen sich demnach nicht vorwiegend in der Musikschule, im Sportverein oder später in der eigenen *Band*, sondern innerhalb ihrer Nachbarschaft und innerhalb ihrer Schulklasse, wenn sie dort integriert sind und nicht ihrerseits aufgrund der Armut ausgegrenzt werden. Die Einschränkungen hinsichtlich der Teilhabe an Kulturgütern der Gesellschaft sind häufig beträchtlich. Kinder aus armen Verhältnissen sind oft innerlich weit entfernt beispielsweise vom Sinn und Zweck eines Museums, der Kunst oder von Theater und Literatur. Weil häufig die regulären Einkünfte der Eltern trotz Vollbeschäftigung nicht ausreichen, um ein zeitgemäßes und altersentsprechendes Leben zu führen, nehmen Familienväter und -mütter Nebenjobs an (vgl. Strengmann-Kuhn 2003). Diese zusätzliche Arbeitsbelastung der Eltern geht auf Kosten der Erholung, der gemeinsamen Freizeit von Kindern und Eltern und auf Kosten des Wochenendes, der Feiertage und der Abende. Daraus entsteht oft Einsamkeit der Kinder, die sich – unbeaufsichtigt – mit ungeeigneten Medien oder Drogen beschäftigen können. Suchtmittel und Abhängigkeiten (vgl. Schott 2010) bilden ebenso wie Medienmissbrauch (vgl. Moser 2010) ein erhebliches Entwicklungsrisiko armer Kinder.

Eine ideale Förderung von Kindern aus armen Familien stellt die gebundene Ganztagsschule dar. Sobald Kinder nicht irgendwie „verwahrt", sondern ganztags gebildet werden, entwickelt sich ein neues Bewusstsein und kann sich – zunächst unabhängig von der äußeren Armut – auch innerer Reichtum bilden. Es können Rituale gepflegt, Traditionen entwickelt und persönliche Verbindungen aufgebaut werden, die in einer zugleich neuen Lebenswirklichkeit stattfinden. Gebundene Ganztagsschulen für arme Kinder können inklusive Ganztagsschulen für alle Kinder sein, denn soziale Unterschiede werden im Tagesverlauf minimiert (Koch 2007b; Schroeder 2007e). Dabei muss betont werden, dass gebundene Ganztagsschulen grundsätzlich von Halbtagsschulen mit Suppenküche und angehängter Nachmittagsbetreuung zu unterscheiden sind. Auch wenn in der Alltagssprache häufig keine Differenzierung zwischen der offenen, der teilgebundenen und der gebundenen Ganztagsschule vorgenommen wird, handelt es sich doch um Institutionen, die von ihrer pädagogischen Qualität kaum zu vergleichen sind.

Literaturempfehlung

Zum Thema Förderung armer Kinder: Müller (2008); Kessl et al. (2007)

3.2.3   Förderung von Kindern aus unterschiedlichen Milieus

Insbesondere Kinder aus den Milieus der modernen Unterschicht (*Benachteiligte* =16 % und *Hedonisten* = 11 %) unterscheiden sich in ihrer Werteprägung z. T. erheblich von den Milieus der *Bürgerlichen*, die sich im schulischen Kontext aus der *Bürgerlichen Mitte*, den *Traditionellen* und zu einem Teil auch den *Performern* (*Bürgerliche Performer* = 10 %) zusammensetzen. Die Gruppe der Lehrkräfte wird im Wesentlichen aus der *Bürgerlichen Mitte* zusammengesetzt. Hieraus ergeben sich dezidierte Spannungspotentiale, die sich anhand der ausgewählten Bildungsinhalte, der Art und Weise, wie Unterricht strukturiert wird, der Interaktionsformen zwischen Lehrkräften und Schülern und des vorausgesetzten Einsatzes der Elternhäuser darstellen lassen. Bemerkenswert scheint in diesem Zusammenhang noch eine zweite Differenzlinie zu sein: Diejenige zwischen den Lehrkräften und den Schülern aus „gehobenen" Elternhäusern. Es handelt sich dabei um die Milieus der *Etablierten*, der *Postmateriellen*, der *liberalen Performer* und der *Expeditiven*.

Tabelle 8: Spannungen zwischen typischen Lehrermilieus (Mitte) und a) benachteiligten Schülergruppen sowie b) Schülern aus gehobenen Milieus

a) Benachteiligte/ Hedonisten	Bürgerliche Performer/ Bürgerliche Mitte/ Traditionelle Milieus	b) Etablierte/ Postmaterielle/ Liberale Performer/ Expeditive
• Stark materialistisch geprägte Werte, die zur Anerkennung führen sollen • Demonstrativer Konsum und viele Anschaffungen • Traditionelle Rollenverteilung • Rückzug und Resignation (im Submilieu der defensiv Prekären) • Aufregende Erlebnisse sind zentral und gehören zu einem guten Tag • Z. T. radikales Ausleben der eigenen Freiheit (subkulturelle Hedonisten)	• Berufliche Position • Kompetenzerweiterung ist geplant, Leistung steht im Mittelpunkt • Selbstmanagement und Disziplin sind selbstverständliche Ziele • Fleiß und klassische Werte sind wichtig • Beständigkeit, Solidität und Zuverlässigkeit • Zukunftsabsicherung und Zukunftsplanung • Prestige und dargestellter Wohlstand • Demonstrierte Bildung und Kultur • Traditionelle Werte	• Stil und Bildung • Kritikfähigkeit und kognitive Auseinandersetzung mit allen Gegenständen des Lebens. • Selbstwertgefühl entsteht aus dem, was man noch zu leisten plant • Unter keinen Umständen mit dem Mainstream leben • Lebenskünstler, Ungewöhnliches und Gewagtes sind wichtige Accessoires des Lebens

Sowohl innerhalb der Schülerschaft können also Differenzen um zentrale Werthaltungen und grundsätzliche Einstellungen entstehen als auch zwischen Lehrpersonen und den jeweiligen Elternvertretern der fremden Milieus. Damit steht der Lehrer innerhalb des Klassenverbandes unter erheblichem Druck, denn unabhängig von den finanziell tatsächlich verfügbaren Mitteln stehen sich damit drei Prägungen gegenüber: die *moderne Unterschicht* mit den beschreibbaren Prioritäten, der *konventionelle Mainstream* einschließlich der bürgerlichen Performer und schließlich die *klassisch gehobenen Leitmilieus.*

Ohne Zweifel sind vor dem Hintergrund dieser Spannungen auch ein erhebliches Maß an Verunsicherung der Lehrkräfte zu verstehen, die ihrerseits diese Verunsicherung möglicherweise durch stark strukturierte Konzepte zu überwinden suchen. Insbesondere die unterschiedlichen Erziehungsstile der Elternhäuser, die sich einerseits liberal und auf Selbstbewusstsein und Eigenverantwortung ausgerichtet zeigen (*gehobene Leitmilieus*) und andererseits häufig auf Gehorsam und Unterordnung Wert legen und dabei eher autoritär erziehen (*Unterschicht*), prägen die Voreinstellungen der Schüler und den Umgang zwischen Lehrer und Eltern. Die Erziehungsstile unterscheiden sich stark nach dem Bildungsniveau der Eltern: Mit steigender Bildung werden die Praktiken weniger autoritär (Koch 2007a, 112). So stellen z. B. offene Lernformen allgemein anerkannte und entwicklungsfördernde Alternativen zu den eher direktiv und autoritär scheinenden frontalen Unterrichtsformen dar, bergen aber für Kinder aus instruktionslastig erziehenden Elternhäusern erhebliche Schwierigkeiten. Sie lernen u. U. unkonzentrierter, weil sie nicht ad hoc mit viel Freiheit und der Selbstorganisation im Lernprozess umgehen können.

Weiteres Konfliktpotential entsteht aus dem unterschiedlichen Maß an Engagement der Eltern in schulischen Angelegenheiten. Wenn ein Milieu schulfern denkt und zurückgezogen lebt, stellt Elternarbeit eine andere Herausforderung dar, als wenn Eltern von vornherein ohne weitere Aufforderung den schulischen Lernprozess des Kindes unterstützen und den schulischen Lehrprozess der Pädagogen kontrollieren und bisweilen kritisch begleiten. Auch hier ergibt sich eine potentielle Konfliktlinie. Mitunter sind Lehrer vor dem Hintergrund ihrer eigenen Leistungsorientierung und einer gesellschaftlich konsensualen sozialen Erwünschtheit von Leistung geneigt, Elterneinsatz vorauszusetzen und dem leistungsschwächeren Kind das mangelnde Engagement des Elternhauses negativ anzurechnen.

In Auseinandersetzung mit anderen Lebensstilen und Milieuprägungen hat sich bewährt, dass in einem Pädagogenteam unterschiedliche

Ausbildungsgänge und herkunftsbedingte Prägungen vertreten sind (Ellinger 2002). Auf diese Weise können kollegiale Fallberatungen und gegenseitige Reflexionen auch Unsicherheiten aufgreifen, die mit dem Rollenverständnis und der Wertorientierung von Eltern und Kindern zusammenhängen. Diese Art Zusammenarbeit gelingt am Besten, wenn die beteiligten Professionellen auch alle mit den entsprechenden Kindern arbeiten. Sei es im Rahmen einer offenen Hausaufgabenhilfe, im Rahmen verschiedener Freizeitprojekte oder – am sinnvollsten – im Rahmen einer gebundenen Ganztagsschule und einem entsprechend heterogenen Mitarbeiterteam.

Literaturempfehlung

Zum Thema Elternarbeit und kollegiale Beratung: Korte (2008); Schlee (2012)

3.2.4 Förderung traumatisierter Kinder

Akute posttraumatische Belastungsreaktionen können innerhalb von Minuten auftreten oder auch nach Tagen einsetzen. Hauptmerkmal ist ihre vorübergehende Natur und das recht rasche Abklingen der Symptome innerhalb weniger Tage nach dem Ende des traumatischen Ereignisses. Anders verhält es sich bei einer posttraumatischen Belastungsstörung (DSM-IV-TR 309.81; ICD-10 F43.1). Die Störungen können hier auf unterschiedlichen Ebenen auftreten (vgl. Simon 2009, 50 ff.):

a) *Störungen der Regulation des affektiven Erregungsniveaus*
  = Schwierigkeiten, Ärger zu modulieren
  = Selbstdestruktives und suizidales Verhalten
  = Schwierigkeiten, sexuelles Kontaktverhalten angemessen zu gestalten
  = impulsives und übertrieben risikobereites Verhalten

b) *Störungen der Aufmerksamkeit und des Bewusstseins*
  = völlige geistige Abwesenheit
  = Dissoziation (das gedankliche und emotionale Abtauchen in eine andere gedachte Wirklichkeit)

c) *Somatisierung unterschiedlicher Art*
  = Hautausschläge

= Durchfallerkrankungen
= Verlust von Darm- und Blasenkontrolle
= Appetitlosigkeit oder Heißhunger
= Stottert oder Stammeln

d) Chronische Persönlichkeitsveränderungen

= Änderungen in der Selbstwahrnehmung, z. B. chronische Schuld-gefühle, Selbstvorwürfe und Ohnmachtsgefühle
= Veränderungen der Beziehungen zu anderen Menschen, z. B. Un-fähigkeit zu vertrauen und Beziehungen zu pflegen
= Tendenz, andere zum Opfer zu machen oder sich selbst zum Op-fer zu machen

Wichtig ist zu bedenken, dass eine posttraumatische Belastungsstörung den gesamten Körper in einen Ausnahmezustand versetzt, wie es sonst nur in einer lebensbedrohlichen Situation der Fall ist. Der Körper steht extrem unter Stress und reduziert seine Funktionen im Wesentlichen auf lebenswichtige Vorgänge. Schulisches Lernen und strukturierte Ordnung gehören nicht dazu. Ein Kind, das in der Schule beispielsweise exzessiv Fingernägel kaut, extrem konzentrationsschwach ist und über unzureichende emotionale Regulationsmechanismen verfügt, könnte in eben einem solchen extremen Stresszustand leben müssen. Daran sind nicht zwangsläufig Eltern „schuld", allerdings sollten sie immer an der geplanten Intervention beteiligt werden – entweder aktiv oder passiv. Im Fall menschlich verursachter Traumata (*men made disasters*, vgl. Tabelle 4, S. 54) können die Eltern Verursacher sein, dann sollte der Lehrer alles tun, damit das Kind der Traumatisierungsquelle entzogen wird. Ein Fortbestand der Traumatisierung blockiert eine konstruktive Verarbeitung und hindert die Aufnahme produktiven Lernens.

Sensible Lehrer können Kindern, die unter Gewalt im Elternhaus lei-den, oft entscheidend helfen, wenn sie Verdachtsmomente nicht gleich-gültig übersehen, sondern verantwortungsbewusst und systematisch versuchen, diesen nachzugehen. Entscheidend dabei ist, nicht übereilt zu handeln, da sonst Gerüchte und Misstrauen das Verhältnis zwischen Lehrer, Eltern und Kind in den verschiedenen Bezügen zerstören könn-ten. Katharina Ehlers und Bodo Hartke (2010, 306) schlagen in einem solchen Fall folgende Schritte vor:

a) Gezieltes Beobachten und Dokumentieren der Situation. Bleibt die Vermutung bestehen und hält der Lehrer es für sinnvoll:

b) Gespräch mit dem Kind. Dabei sollte die Vermutung nicht offen ausgesprochen werden, es sollten aber detaillierte Fragen gestellt werden. Bleibt die Vermutung bestehen oder verstärken sich die Hinweise:

c) Gespräch mit einem Kollegen, eventuell mit einem Experten, um die Beobachtungen und ggf. Eindrücke aus dem Gespräch mit dem Kind auszutauschen. Wenn die Befürchtungen auf Bestärkung stoßen oder bestehen bleiben:

d) Gespräch mit den Eltern, das dokumentiert wird, in dem aber die Vermutung nicht geäußert wird. Sollte die Vermutung bestehen bleiben, muss

e) Kontaktaufnahme mit einer fachlichen Hilfeeinrichtung erfolgen. Die Adressen sind den einschlägigen Homepages (Kinderschutz, Kinderschutzbund, Gewaltberatung etc.) zu entnehmen (z. B. www. kinderschutz-zentrum.org).

Untersuchungen zu Folgen traumatischer Belastungen auf das Lern- und Leistungsverhalten ergaben langfristige affektive und kognitive Störungen in allen Altersgruppen (vgl. Beers & DeBellis 2002):

- schlechtere Ergebnisse in den verbalen Fähigkeiten (Carrey et al. 1995),
- insgesamt niedrige schulische Fähigkeiten (Wildin et al. 1991),
- Misshandlungsopfer zeigten Störungen in der Wahrnehmungsorganisation (Berenbaum 1999),
- kognitive Defizite, z. B. Defizite bei der Problembewältigung (Yang & Clum 2000),
- Störungen der Aufmerksamkeitsregulierung und Reizdiskriminierung (Putman 1997),
- Korrelationen zwischen der Dauer der Traumatisierung und kognitiven Defiziten.

Verschiedene durch Menschen und durch andere Ereignisse verursachte Traumata können in Zusammenarbeit mit den Eltern und ggf. externen Fachkräften bearbeitet werden. In jedem Fall sollte sich der Pädagoge um ein Abstellen der Traumatisierung und eine qualifizierte Intervention bemühen. Traumatisierte Kinder und Jugendliche, die Opfer von körperlicher Gewalt geworden sind, brauchen für ihre psychische Genesung einen „sicheren Ort". Anette Streeck-Fischer (2006) weist darauf hin, dass die Schule als wichtige Sozialisationsinstanz Korrektiv und Regulativ für traumatisierte Kinder sein kann. Durch schlechte Entwicklungsbedingungen und Traumatisierungen werden kindliche Entwicklungsprozesse gestört und ggf. zerstört. Bisweilen reagieren Lehrer auf die „sonderbaren Verhaltensweisen" oder eine extreme Zurückgezogenheit unwissend und vergeben dadurch Chancen.

Einschneidender als ein harter und verständnisloser Umgang mit Kindern in einer derartigen Stresssituation ist allerdings das gedankenlose Bedienen von Triggern. Es handelt sich dabei um Erinnerungen, die im impliziten Gedächtnis abgespeichert sind und auf Reize hin aktiviert werden. So kann ein lauter Schlag die Assoziation des Augenblicks einer Explosion „triggern", bei der z.B. die Eltern ums Leben kamen und eine Re-Traumatisierung hervorrufen. In einer Modellklasse zum Beispiel, in der abgeschirmt und in Sicherheit traumatisierte Kinder betreut und beschult wurden, waren die Pädagogen in der Vorbereitung eines Abschiedsessens zum Ende des Schuljahres unaufmerksam: Sie ließen den Pizzaboten zu den Kindern eintreten. Er trug Overall und einen Vollbart – und löste bei einem der missbrauchten Mädchen eine schwere Re-Traumatisierung aus. Trigger können durch Geräusche, Gerüche, visuelle Wahrnehmungen und körperliche Berührungen ausgelöst werden.

Kinder, die sich durch die erlebten traumatisierenden Ereignisse ohnehin überfordert fühlen, sind oft nicht in der Lage, weiteren Anforderungssituationen adäquat zu begegnen und verhalten sich aggressiv oder uneinsichtig. Durch unangemessene Intervention des Lehrers kann für das Kind eine weitere Abwärtsspirale in Gang kommen. Der Lehrer hat Entgegenkommen signalisiert und fordert „nur ein kleines Signal". Das Kind ist überfordert und „verweigert" sich. Daraufhin rutscht es zunehmend in die Rolle des „bösen" oder „schwierigen" oder „extrem anstrengenden" Kindes. Es wird diese Einschätzung des Lehrers wieder und wieder bestätigen, bis eine manifeste Lernstörung zu beschreiben ist. Bernd Ahrbeck (2007) stellt zudem psychoanalytische Theorien zusammen, die u.a. davon ausgehen, dass zwischen einer erlittenen Traumatisierung und einer ausgeprägten Aufmerksamkeitsdefizit- und

Hyperaktivitätsstörung (ADHS) enge Verbindungen bestehen: „Die von Hyperaktivitäts- und Aufmerksamkeitsstörungen betroffenen Kinder verfügen nach Basquin (2002) über keine ausreichende Erfahrung mit einer sie haltenden Hülle, so dass sie bereits in einem ganz frühen Lebensalter keine basale innere Sicherheit gewinnen" (Ahrbeck 2007, 21). Dass ADHS-betroffene Kinder häufiger von Lehrern abgeschoben und in eine Abwärtsspirale begleitet werden, ist hinlänglich bekannt.

Eine veränderte Wahrnehmung des Kindes und seines zutiefst verunsicherten Verhaltens durch die Lehrperson kann die Situation entschärfen. Im schulischen Alltag lassen sich immer wieder Phasen der Ruhe und der Sicherheit für das im Stress befindliche Kind einbauen und zudem kann der Lehrer aktiv zur Verarbeitung der traumatisierenden Erlebnisse beitragen. Einen notwendigen „sicheren Ort" für Kinder, die unter einer posttraumatischen Belastungsstörung, beispielsweise durch schweren Missbrauch, leiden, kann eine Ganztagsschule im Rahmen eines Kinderheimes darstellen (vgl. Ellinger et al. 2009). Auch andere Beschulungsformen, die dem Kind in der Anfangszeit nach Abstellen der Traumatisierungsquelle Sicherheit geben, sind empfehlenswert.

Literaturempfehlung

Zum Thema traumatisierter Kinder: Streeck-Fischer (2006)

3.2.5 Förderung von Flüchtlingen und Kindern mit Migrationshintergrund

In ihren *Fallstudien zur beruflichen Qualifizierung von Flüchtlingen* beschreiben Joachim Schroeder und Louis Henri Seukwa (2007) Schicksale und Lebensbilder von Jugendlichen und jungen Erwachsenen, die als „Quereinsteiger" nach Deutschland kommen und keine Bildungsgänge vorfinden, die ihnen eine begabungsgemäße und bedürfnisorientierte Ausbildung ermöglichen. Junge Flüchtlinge verfügen häufig über Mehrsprachigkeit. Wenn sie in den Arbeitsmarkt integriert werden sollen, müssen neben dieser Mehrsprachigkeit auch weitgehende Erfahrung, emotionale Belastbarkeit, Zielstrebigkeit, Entbehrungserfahrung und Wille als Lernausgangslage angenommen werden. Jüngere Flüchtlinge benötigen eigene bilinguale Schulangebote, die von der Primarstufe bis zum Schulabschluss auch mit der Unterstützung einer Muttersprachenlehrkraft einen Schulabschluss ermöglichen (Schroeder 2007d). Kinder und Jugendliche, die ohne einen gesicherten Aufenthaltsstatus in Deutschland leben, bedürfen wiederum Bildungsangebote, in denen die erzwungene oder freiwillige Rückkehr mitbedacht wird. Deren gesellschaftliche Integration muss – sozialräumlich – gleichermaßen sowohl als Integration in die deutsche Gesellschaft wie auch als Reintegration in die Herkunftsgesellschaft und als Vorbereitung auf Weiterwanderung in einen anderen Staat berücksichtigt und pädagogisch ausgelegt werden (Schroeder 2007b). Dabei weisen Seukwa & Schroeder (2007) auf die Bildungsproblematik in Zusammenhang mit dem „neuen Wanderungstyp" Transmigration hin (vgl. Hess & Tsianos 2007; Karakayalt & Tsianos 2007). Wenn weltweit wandernde Flüchtlinge und Migranten in verschiedenen Ländern leben, haben sie keine Möglichkeit, in der dort jeweils vorgesehenen Zeit und am dort jeweils vorgesehenen Ort ihre Bildung ordnungsgemäß zu erwerben, um dann formalgebildet auf dem Arbeitsmarkt „anzukommen". Insbesondere Flüchtlingen sollten Möglichkeiten zur Integration auf dem Arbeitsmarkt geboten werden, die unabhängig von formalen Reglements und bezogen auf sozialräumliche Strukturen in Arbeit bringen können. Ein ähnliches Problem – das der bürokratischen Anhäufung schulischer und überbetrieblicher Vorbereitungs-, Grundschul- und Fortbildungsmaßnahmen auf dem Weg zur beruflichen Integration – ist bei der Förderung sozial benachteiligter Jugendlicher zu beschreiben. In Fortsetzung eines Forschungsprojektes (Ellinger et al. 2006) sind mittlerweile in Hamburg, Frankfurt, Gießen, Würzburg und regional in Mittelfranken *Nischenarbeitsplätze* ermittelt worden, die einfache Arbeiten für gering Qualifizierte beinhalten. Die befragten Unternehmer ganz verschiedener Branchen – darunter auch z. B. die Migrantengastronomie – sind bereit, in unterschiedlichem Stundenumfang und bei durchgängig durchschnittlicher Bezahlung Geringqualifizierte einzustellen und ihre sukzessive Weiterbildung (z. B. in Form modularisierter Ausbildungsgänge) zu ermöglichen. Ein Anfang, der auch Migranten des neuen Wandertyps zugutekommen könnte.

Im Blick auf die schulische Förderung von Kindern mit Migrationshintergrund wurden in den vergangenen Jahren verschiedene Standpunkte vertreten. Die pädagogische Diskussion darüber, wie mit Menschen aus anderen Ländern in der Schule in Deutschland umgegangen werden solle, scheint sich in befremdender Weise an der wirtschaftlichen Entwicklung Deutschlands orientiert zu haben. Die Geschichte der Ausländerpolitik ist phasenweise durch eine ausgesprochen unklare Rechtslage und menschliche Härten für die betroffenen Gastarbeiter gekennzeichnet, weil in erster Linie volkswirtschaftliche Interessen Deutschlands berücksichtigt wurden (vgl. Herbert 2001, 212 ff.). Die pädagogische Diskussion verlief in Phasen, die allerdings deshalb kaum wahrheitsgemäß abgebildet werden können, weil das Themenfeld Integration/Randgruppen/Benachteiligung die beteiligten Wissenschaftler dazu einlud, je nach persönlicher Schwerpunktsetzung immer auch andere Differenzlinien (Geschlecht, Behinderung, sexuelle Orientierung, soziale Lebenslagen etc.) als wesentlich zu betrachten. Grundsätzlich kann die Entwicklung von der „Ausländerpädagogik" zur „interkulturellen Bildung" holzschnittartig in zwei Phasen wie folgt zusammengefasst werden (vgl. ausführlich u. a. Diehm & Radtke 1999; Eickhorst 2008; Gogolin & Krüger-Potratz 2006; Holzbrecher 2004; Krüger-Potratz 2003; Nieke 2008).

1. Phase Ausländerpädagogik: In den 1960er Jahren wurden zwischen Deutschland und verschiedenen Ländern „Anwerbeverträge" für Arbeitskräfte geschlossen, da zwar das Wirtschaftswachstum im Land anhielt, aber die Zahl der deutschen Erwerbstätigen zurück ging. Solche Verträge schloss Deutschland u. a. mit Italien, Griechenland, Spanien, der Türkei, Jugoslawien und Portugal. Durch die Möglichkeit des Familiennachzugs kam eine neue Generation ausländischer Schüler in die deutschen Schulen. Die Ausländerpädagogik befasste sich mit schulischen Alltagsproblemen, sozialpädagogischen Hilfen für die „armen Ausländerkinder" (Hausaufgabenhilfe, Sprachenunterricht) und verwiesen letztlich auf die Hauptschwierigkeit: die kulturelle Fremdheit der Fremden (Gogoli & Krüger 2006, 103). In verschiedenen Bundesländern wurden „Vorbereitungsklassen" bzw. „Ausländerklassen" eingerichtet, die den Kindern der Gastarbeiter bessere Startmöglichkeiten schaffen sollten, um später in das deutsche Schulsystem integriert werden zu können. Grundgedanke der ausländerpädagogischen Überlegungen war: Wie fördert man Kinder aus anderen Ländern so, dass sie möglichst passgenau in die deutsche Schule integriert werden können, ohne am deutschen Schulsystem substantiell etwas ändern zu müssen? Das Augenmerk der Förderung lag auf der Beseitigung von bestehenden „Defiziten" (sprachlichen und kulturellen) bei den ausländischen Kindern – im Blick auf das Leben in einer ansonsten homogenen Kulturnation (Diehm & Radtke 1999, 128). Perspektivisch wurde eine Rückkehr ins Herkunftsland oder die Assimilation in Deutschland angestrebt.

Für den Unterricht und die Schule bedeutet dies: Es werden eigene „geeignete" Unterstützungssysteme in der Bildungslandschaft entwickelt und Schüler fit gemacht, um später zum Hauptsystem gehören zu können. Der Lehrer in seiner Klasse ist bemüht, Nachteile möglichst auszugleichen. Er wird eventuell gesonderte Angebote für Migranten unterbreiten, ausländische Kinder besonders unterstützen und sozialpädagogische Hilfen und Förderung ermöglichen. Grundsätzlich geht er allerdings immer von seiner eigenen Kultur aus und benutzt seine Wertorientierung und sein Weltbild als maßgebliche Bezugsnorm. Aus einem so gegründeten Bemühen erwächst nur oberflächlich betrachtet eine Art Integration und keine substantielle Hilfe für die Migrantenkinder.

Parallele Diskussion Integrationspädagogik: In die Diskussion um eine konstruktive Ausländerpädagogik floss zunehmend auch das Problem der *Diskriminierung* in unterschiedlichen Bereichen der Schule. Neben elaborierten Formen der institutionellen Diskriminierung von Migrantenkindern im deutschen Schulsystem (Gomolla & Radtke 2002) sind auch individuelle Ausgrenzungs- und Misserfolgserfahrungen von Kindern anderer Benachteiligungskontexte zu beklagen. Nicht zuletzt geben die referierten Zahlen zu den Bildungsabschlüssen von Kindern aus marginalisierten Gesellschaftsgruppen in Deutschland Auskunft über die katastrophalen Auswirkungen fehlgelaufener Bildungsplanung. Gegenstand der theoretischen Fachdiskussion einer *Integrationspädagogik* sind zweckmäßige Organisationsformen eines modernen Bildungssystems, das sich in seiner Gesamtstruktur an den unterschiedlichen Lebenswirklichkeiten innerhalb unserer Gesellschaft orientieren sollte. Das Ziel gesellschaftlicher Integration sollte durch eine behindertenfreundliche und „ausländerfreundliche" Unterrichtsplanung, durch reflektierte Lernkultur innerhalb einer Schule und durch überregionales Integrationsmanagement erwachsen (vgl. Krüger-Potratz 2003). Vor dem Hintergrund dessen, dass Deutschland nunmehr als Einwanderungsland angesehen wird, das die ausländischen Kinder dauerhaft einzubürgern hat, werden die ausländischen Kinder in die bildungspolitisch diskutierten *„Differenzlinien"* innerhalb der Schule einbezogen.

2. *Phase Interkulturelle Pädagogik:* Vom Beginn der 1980er Jahre an wird auf breiter Ebene und in verschiedenen Fachdisziplinen das Modell einer „multikulturellen" Gesellschaft diskutiert. Quer durch alle Problemlagen des Bildungs- und Erziehungssystems setzt sich mehr und mehr die Erkenntnis durch, dass alle Kinder vom Schulsystem bestmöglich aufgenommen und gefördert werden müssen. Die Reform-Forderung lautet: Nicht *die Betroffenen* müssen sich *dem Bildungssystem* anpassen, sondern *die real existierende Schule* muss sich in der Gestaltung ihrer Konzepte und der Angebote *an den Lebenslagen und kulturellen Identitäten orientieren.* Das Augenmerk der Unterrichtsgestaltung liegt also auf dem Merkmal der „Differenz" und das Grundverständnis auf Mehrperspektivität und Anerkennung verschiedener kultureller Prägungen und körperlicher/kognitiver Fähigkeiten. Für das gleichberechtigte Miteinander in einer multikulturellen Gesellschaft sind Toleranz und die Bereitschaft, sich auf das Verständnis anderer Plausibilitäten einzulassen, von zentraler Bedeutung. Interkulturelle Pädagogik rechnet mit dem dauerhaften Zusammenleben unterschiedlicher kultureller Prägungen in der deutschen Gesellschaft.

Für den Unterricht und die Schule bedeutet dies: Zum einen ist es notwendig, die besonderen Bedürfnisse und Fähigkeiten der Kinder mit Migrationshintergrund zu beachten. Fremdsprachigkeit muss nicht ausschließlich ein Problem darstellen, es birgt in einer global zusammen wachsenden Welt unschätzbare Potentiale. Ebenso die Vertrautheit mit kulturellen Eigenarten. Allerdings brauchen betroffene Kinder (inzwischen stammen diese auch aus anderen (ost-)europäischen und afrikanischen Ländern) nicht nur konkret-unterrichtliche – bzw. didaktisch-methodische – Hilfen. Schulische Integration darf nicht vorwiegend auf dem Niveau der Förder- und Hauptschule angestrebt werden, sondern muss auch Zugang zu höheren Lern- und Qualifikationsniveaus ermöglichen. Hierzu bedarf es ernsthafter Bemühungen um eine für Migrantenkinder förderliche Schulpolitik. Alfred Holzbrecher

(2004, 67) weist deshalb folgerichtig darauf hin, dass sich wirksame Migrantenförderung auf unterschiedlichen Ebenen durchsetzen muss:

a) Auf europäischer Ebene (bzw. weltweit) muss ein Bildungssystem entwickelt werden
b) Ebene der nationalen Bildungssysteme
c) Ebene der Bildungspolitik in den einzelnen Bundesländern
d) Ebene der einzelnen Schule und des kommunalen Netzwerkes
e) Ebene des Unterrichts in der jeweiligen Klasse.

Vor dem Hintergrund einer multikulturellen Gesellschaft, die ihre Bürger mit Migrationshintergrund nicht als vorübergehende Gäste, sondern als dauerhafte Mitglieder ansieht, sollten ernstzunehmende Bemühungen bei der Veränderung grundsätzlicher Missstände ansetzen. Hier ist die auffallende Überrepräsentanz von Kindern mit Migrationshintergrund in Sonderschulen und Hauptschulen zu nennen. Die Gründe wurden benannt:

- Sprachliche Schwierigkeiten und resultierende Leistungsminderung,
- kulturelle Differenzen und resultierende Verhaltensauffälligkeiten und Minderbewertung durch die Lehrkräfte,
- Verfahrensunsicherheiten der Eltern beim Übertritt von der vierten Klasse und resultierende Automatismen der Übertritte auf die Hauptschule,
- Elternhäuser, die den Kindern nur eingeschränkte Unterstützung im schulischen Lernprozess bieten können.

Engagierte Förderung bei sozialer Benachteiligung aufgrund eines Migrationshintergrundes setzt also bei einer konstruktiven Kritik am europäischen und *nationalen Bildungssystem* an und entwickelt innerhalb des entsprechenden Bundeslandes *kommunale Bildungsnetzwerke*, die vom Primarbereich über die weiterführenden Schulen bis hin zur beruflichen Eingliederung Angebote entwickelt, die vielleicht nicht zwingend eine *schulische Integration* ermöglichen, aber durch die begabungsorientierte (und wenn möglich auch parallel muttersprachliche) Ausbildung die *gesellschaftliche Integration* fördert. Auf *schulischer Ebene* fordert Ulf Preuss-Lausitz (2003, zit. nach Holzbrecher 2004, 64 f.): a) die stärkere Einbeziehung von Lehrern aus zentralen Herkunftsländern, b) Einbeziehung von Künstlern, Geschäftsleuten, Sportlern und sozialen Aktivisten aus Herkunftsgruppen, c) mehrperspektivische Curricula, d) Kooperationsprojekte mit Migranten-Vereinen, e) Nachhilfekurse durch qualifizierte Migranten für Migranten, f) regelmäßige regionale Auswertungskonferenzen. Im *pädagogischem Umgang selbst* (schulisch oder außerschulisch) ist das Ziel der Erziehung die gemeinsame Entwicklung von Prinzipien der kulturellen Verständigung. Die Entwicklung solcher Prinzipien kann insbesondere anhand aufkommender Konflikte geschehen. Grundlage sollte dann eine gleichberechtigte Kommunikation über die eigenen kulturellen Prägungen sein.

Literaturempfehlung

Zum Thema Förderung von Flüchtlingen: Ottomeyer (2011); Schroeder & Seuka (2007) und zum Thema Förderung bei Migrationshintergrund und interkulturelle Pädagogik: Ellinger (2010b); Gogolin & Krüger-Potratz (2006); Holzbrecher (2004)

3.2.6 Förderung von Risikokindern

Kinder aus Risikofamilien benötigen zu Beginn ihrer schulischen Laufbahn engagierte Unterstützung. Als *Risikokind* bezeichnen wir dasjenige Kind, das aus familiären Verhältnissen stammt, deren Ressourcen entweder nicht ausreichen, um eventuell entstandenem individuellem Förderbedarf eigenständig nachzukommen, oder die als Familie selbst einen Risikofaktor für die Persönlichkeitsentwicklung des Kindes darstellt.

Zu Beginn der Schulzeit sind dann häufig bereits Beeinträchtigungen mittleren Ausmaßes erkennbar. Es kann sich dabei um

- mangelnde Aufmerksamkeits- und Konzentrationsfähigkeit,
- auffallende Ruhelosigkeit,
- eine erlernte Hilflosigkeit mit Antriebslosigkeit,
- eine ausgeprägte Misserfolgsmotivation,
- Ängstlichkeit und mangelndes Selbstbewusstsein,
- eingeschränktes sprachliches Ausdrucksvermögen („restringierter Sprachcode"),
- geringe Allgemeinbildung aufgrund eingeschränkter Anregung,

- Distanzlosigkeit oder auffallendes In-sich-gekehrt-Sein (unsichere Bindungsmuster) oder auch um
- äußere Verwahrlosung

handeln. In verschiedenen Bundesländern sind mit unterschiedlichem Erfolg flexible Schuleingangsphasen erprobt worden (Ellinger & Koch 2007; Koch et al. 2012), die den gefährdeten Kindern in der kritischen Phase des Schulstarts mehr Zeit einräumten (z. B. für zwei Jahrgangsstufen drei Jahre Zeit), die Klassengröße stark begrenzten und die Lehrkräfte mit sonderpädagogisch ausgebildeten Kollegen unterstützten. Auf der Basis des *response-to-intervention*-Ansatzes werden verstärkt effektive Methoden erforscht, die eine frühe Unterstützung in dieser sensiblen Phase der Schullaufbahn – auch und besonders unter inklusiven Bedingungen – ermöglichen (Hagen & Hillenbrand 2012; Huber & Grosche 2012). Ein Großteil der vorliegenden und z. T. erfolgreich erprobten Förderansätze konzentriert sich auf die gezielte Unterstützung und Begleitung der Kinder im unterrichtlichen Lernen. Hierzu zählt u. a. die Fähigkeit zu lernen (Hartke 2010), der Schriftspracherwerbsprozess (Diehl 2010; Mannhaupt 2010), das mathematische Lernen (Koch & Knopp 2010), die Entwicklung visueller und auditiver Wahrnehmung (Greisbach 2010) und die Aufmerksamkeitsförderung (Ellinger 2010).

Risikokinder bedürfen neben der konzentrierten Förderung ihres schulischen Lernvermögens aber insbesondere (und das bedeutet eigentlich *vorrangig*) genuin pädagogischer Hilfen. Speziell für diese Schülergruppe und vor dem Hintergrund der angestrebten Inklusion benachteiligter und behinderter Kinder in die Regelschule ist der konsequente Ausbau von inklusiven gebundenen Ganztagsschulen notwendig (Ellinger et al. 2007). Es liegen eine Reihe empirischer Befunde vor, die nachweisen, dass gebundene Ganztagsschulen einen wesentlichen Beitrag zur sozialen Entwicklung auffälliger Kinder, zur Verbesserung der Schulleistungen und zur Entwicklung eines positiven Selbstbildes leisten (Ellinger et al. 2009; Fischer et al. 2011). In einer gebundenen Ganztagsschule erhalten Risikokinder die Möglichkeit, nicht nur als Schulversager aufzutreten – weil sie möglicherweise noch Startschwierigkeiten beim Lernen aufweisen und besondere Förderung in Anspruch nehmen –, sondern in anderen Fähigkeitsbereichen auch Stärken zu zeigen, die im reinen (Halbtags-)Schulalltag nicht zur

143

Tabelle 9: Lösungsorientierte Elternarbeit für Kinder aus Risikofamilien

Form	Häufigkeit	Inhalt	Ort	Spezifische lösungsorientierte Ausrichtung
Elterngespräch	14-tägig	Verhaltensprobleme, Leistungseinbruch, alltägliche Anliegen	In der Einrichtung	Entwicklung von Zielen, Visionen und Entwicklungsplänen und nicht lediglich „Brand-Intervention"
Hausbesuche	14-tägig	Teammitglieder gestalten gemeinsam mit den Eltern die Lernumgebung, die Betreuung von Hausaufgaben und auch die Zu-Bett-Geh-Situationen (Rituale)	Zu Hause	Konkrete Gestaltungshilfen ermutigen zu pragmatischen Lösungsmustern und bauen Barrieren zur eigenen Aktivität ab
Hospitationen der Eltern	14-tägig	Die Eltern nehmen an Programmpunkten des Tages teil und beteiligen sich wenn möglich aktiv	In der Einrichtung	Stärken und Schwächen der Kindern und Umgangsformen der Lehrer können erlebt und anschließend gemeinsam reflektiert werden
Eltern-Kinder-Informationsnachmittag	alle vier bis sechs Wochen	Eltern und Kinder besprechen gemeinsam mit den Mitarbeitern sowohl Sach- als auch Erziehungsfragen	In der Einrichtung	Ein Teil der Elternabende findet nachmittags statt. So können Eltern und Kinder gemeinsam teilnehmen. Es werden Denkprozesse angeregt
Aktionstage	alle acht Wochen	Gemeinsame Projekte wie Pausenhofgestaltung, Flohmarkt, Kleidermarkt, Renovierungen etc.	In der Einrichtung, zu Hause oder in der Fußgängerzone	Im Alltagshandeln ergeben sich Anknüpfungspunkte und werden Fähigkeiten deutlich, die in Besprechungen von Defiziten häufig nicht gewärtig sind

Form	Häufigkeit	Inhalt	Ort	Spezifische lösungsorientierte Ausrichtung
Elternabend	alle acht bis zehn Wochen	Besprechung von Projekten, kooperative Terminplanungen	In der Einrichtung	Vorbereitung gemeinsamer Aktionen, die persönliche Ressourcen der Eltern aufzeigen und Dynamik in der Gesamt-Elterngruppe ermöglichen
Familien-Trainingstage	vierteljährlich	Die Familie (Eltern und Geschwister) samt Teammitgliedern üben Projekte in der Öffentlichkeit aus	Einkaufszentren, Fußgängerzone, Schwimmbad etc.	Es werden konkrete Handlungsmöglichkeiten der Eltern mit den Kindern entwickelt und Sicherheit wiedergewonnen.
Freizeit-Aktionen	halbjährlich	Eltern und Lehrer treiben gemeinsam mit den Kindern Sport (z. B. Bootsfahrt, Fahrradtour) oder treffen sich zum Grillen	Natur, offene Wiese, Flussufer	Durch den (unkomplizierten) Umgang miteinander in einer großen Gruppe können Unsicherheiten abgebaut werden und lassen sich durch Modelllernen positive Umgangsformen entwickeln
Gemeinsame Übernachtung	halbjährlich	Die gemeinsame Zeit mit Kindern, Eltern und Lehrern wird über die Nacht ausgedehnt, einschließlich morgendlichem Frühstück	Natur, offene Wiese, Flussufer, Campingplätze	Die gemeinsame Zeit mit den Kindern und ein unmittelbar anschließendes Zusammensein ohne Kinder kann zwanglosen Austausch ermöglichen
Zirkusprojekt	jährlich	Team, Eltern und Kinder planen, gestalten und bestreiten eine Zirkusvorstellung	Vorführungen können gegeben werden in Seniorenheimen, Kindergärten, Kirchen etc.	Die Beteiligten werden eigene kreative Begabungen entdecken und Spaß daran haben, sie zu entfalten. Es ist ein weiterer Baustein in der Überzeugung, handeln zu können, gesetzt

Geltung kommen würden. Im Laufe eines Tages werden eventuell vermisste Gespräche geführt und konstruktive Streitkultur geübt, werden Tischsitten kennengelernt und der informelle Umgang in ungebundenen Lernzeiten praktiziert. Zudem haben Traditionen und Rituale ihren Platz und kann der Anschluss an Kulturgüter angebahnt werden. Hierzu dienen kulturpädagogische Projekte, die sich niederschwellig z. B. der Musik (Kandert 2009) oder der Kunst (Rolfs 2009) annähern. Eine aufschlussreiche Dokumentation von 85 beispielhaften Projekten mit Risikokindern im Bereich Theater, Literatur, Museum, Tanz usw. findet sich bei von Welck & Schweizer (2004).

Diese Hilfe darf nicht als eine Art sozialpädagogisches Hobby der etwas weniger konzentriert arbeitenden Sonderpädagogen angesehen werden, sondern trifft vielmehr häufig den eigentlichen Kern der komplexen Problemlage.

Vergleichen wir die Arbeit mit sozial benachteiligten Kindern und Jugendlichen in der Schule für einen Moment mit der Aufgabe, einen Berufskraftfahrer zu betreuen, der in seiner Firma unentwegt zu wenig Zeit für zu viele Fahrten zugestanden bekommt. Nach einigen Monaten schreit seine gesamte Erscheinung nach Schlaf, Erholung, menschlicher Wärme und einem guten Essen mit Wein und Musik. Seine ewige Eile, der nervenaufreibende Job, die ständige Verantwortung haben Spuren hinterlassen. Und obwohl er ein guter Fahrer mit viel Erfahrung und körperlich überzeugender Fitness ist, sammelt er zurzeit „Punkte in Flensburg", vergisst er wiederholt die Handbremse, verwendet er das falsche Motorenöl und stellt er sich insgesamt im Straßenverkehr ziemlich dusselig an. Sie sind nun, weil Sie in unserem Gedankenspiel Trainer für Berufskraftfahrer mit Zertifikat für Wiedereingliederung von Punktesündern sind, beauftragt, u. a. diesen Herrn wegen seiner „Fahrstörungen" zu fördern. Das vordergründige Problem ist freilich die erwartete Leistung, da geben wir uns keinen Illusionen hin. Trotzdem würden Sie sich mit einem einseitigen Förderprogramm beinahe schuldig machen. Diesen geschundenen Mann dürfen sie nicht ausschließlich einem Fahrtraining, der Unterweisung im Umgang mit der Feststellbremse und einem Einzelkurs in Sachen Motorenöle unterziehen. Vielleicht wäre er anschließend, was diese Dinge betrifft, wieder einigermaßen fehlerfrei – aber die multifaktorielle Gemengelage, die ihn erst in seine vertrackte Situation gebracht hat, ist mitnichten behoben. Er braucht pädagogische

Hilfe, weil er Mensch und nicht triviale Maschine ist. Ebenso braucht das Kind aus der Risikofamilie in erster Linie pädagogische Hilfe, weil es Mensch und nicht triviale Maschine ist. Reine schulbezogene Lerntrainings mögen evidenzbasierte Ergebnisse zeigen, gehen aber nicht nur aus humanistischer Sicht am Kern des Problems vorbei.

Da die gebundene Ganztagsschule weder Kinder aus armen Verhältnissen noch Risikokinder aus ihren Familien lösen will, gehört eine intensive Elternarbeit fest zum Aufgabenbereich des Teams. Sie wird lösungsorientiert aufgebaut, um die Eltern in erster Linie in ihren eigenen Ressourcen zu stärken und sie mittelfristig in die Lage zu versetzen, sich die Erziehungsarbeit ihrer Kinder wieder zuzutrauen. Aus diesem Grund sollen herkömmliche Formen der Elternarbeit erweitert werden, um gemeinsames Erleben von Pädagogen, Kindern und Eltern zu ermöglichen (s. Tab. 9, S. 144 und S. 145).

Literaturempfehlung

Zum Thema Förderung von Risikokindern in der Ganztagsschule: Ellinger et al. (2007) und zum Thema Förderung in der Schuleingangsphase: Hartke et al. (2010)

3.3 Milieusensible Ganztagsschulen als Vision inklusiver Schulentwicklung

Die vorgestellten schul- und unterrichtsorganisatorischen Konzepte können allerdings nur in einem allgemeinen Rahmen Förderung und Bildung ermöglichen. In vielen Fällen werden solche didaktischen Hilfen den tatsächlichen Bedarfen sozial benachteiligter Schüler nicht völlig gerecht. Joachim Schroeder plädiert deshalb in seiner Stellungnahme zur Frage nach inklusiver Schulentwicklung für den Aufbau „milieusensibler kommunaler Bildungslandschaften" (Schroeder 2007d). Auch Gotthilf Hiller fordert eine Schullandschaft, die aus einem Netz aufeinander abgestimmter Schulen besteht. Diese Institutionen folgen in ihrer inneren

Differenzierung Bildungsgängen, die an den Lebenslagen der Kinder orientiert sind (Hiller 2007). „Erforderlich sind in sich schlüssig konturierte Bildungskonzepte, in denen die Nachteile der sozialen Verhältnisse ausgeglichen, die Potenziale der Jugendlichen erkannt und gefördert sowie vor allem die strukturellen Hürden systematisch in den Blick genommen werden" (Schroeder 2007d). Ausgehend von den Bedarfen und von den Potentialen der verschiedenen Gruppen sozial benachteiligter Kinder und Jugendlicher kann eine gesellschaftliche Inklusion nur im Rahmen einer gebundenen Ganztagsschule gelingen (Ellinger et al. 2007). Diese Ganztagsschulen arbeiten dann effektiv im Sinne der Förderung und Unterstützung der Schüler, wenn sie jeweils einen bedarf- und zugleich potentialorientierten Schwerpunkt ausgebildet haben. Gebundene Ganztagsschulen in einer kommunalen milieusensiblen Bildungslandschaft könnten jeweilige lebenslagenorientierte Curricula entwickeln und zugleich Netzwerke ausbilden, die eine Integration der sozial benachteiligten Kinder und Jugendlichen in die deutsche Gesellschaft unterstützen. Ulrich Heimlich (2012) weist in seinen Überlegungen zu *schulischen Organisationsformen sonderpädagogischer Förderung auf dem Weg zur Inklusion* auf die Bedeutung von Netzwerkstrukturen hin. Insbesondere die bereits seit etlichen Jahren bestehenden Förderzentren können als Beispiel für die angedachten neuen Ganztagsschulen innerhalb sozialraumbezogener Netzwerke gelten.

Die Netzwerke könnten aus Einzeleinrichtungen bestehen, die unterschiedliche Schwerpunkte bilden und mit diesen bei Bedarf die übrigen Ganztagsschulen unterstützen, z. B.

- Institutionen, die einen beruflichen Einstieg begleiten und die Schüler darüber hinaus in der weiteren Lebensbewältigung unterstützen (lebensbegleitende Sonderberufsschule),
- Institutionen, die diagnostische, therapeutische, familienergänzende und familienersetzende Hilfen leisten können,
- Institutionen, die Logistik und Zugänge zu finanziellen Unterstützersystemen vorhalten,
- Institutionen, die bei der Vernetzung mit Muttersprachlern aus verschiedenen Herkunftsländern von Flüchtlingsfamilien behilflich sein können.

Die einzelne schwerpunktmäßig ausgerichtete gebundene Ganztagsschule sollte grundsätzlich für Schulbesuch aller Kinder offen stehen, stellt allerdings insbesondere für die Bedarfsgruppe aus dem Sozialraum vertiefte Kenntnisse und Vernetzung zur Verfügung.

Die gesellschaftlich angestrebte Integration von Schülergruppen, die ohne körperliche Einschränkung und ohne Intelligenzmangel aufgrund weltweiter und innerdeutscher Benachteiligungsmuster zu den Verlierern zählen, bedarf möglicherweise für eine bestimmte Zeit eines Schonraumes, der sich an Sozialräumen orientiert. Eine Integration in die Kreise derjenigen, durch deren Lebensstile, Prioritäten und Wertesysteme sie erst benachteiligt wurden, ist im Blick auf viele Schicksale ein zu ehrgeiziges Ziel. Ohne strukturelle Veränderungen wird die Integration sozial Benachteiligter nicht erfolgreich sein.

„Es gibt kein richtiges Leben im falschen", sagte Theodor W. Adorno.

Verwendete Literatur

Adorno, T. W. (1969): Minima Moralia: Reflexionen aus dem beschädigten Leben. Frankfurt a. M.

Adorno, T. W. (1964): Jargon der Eigentlichkeit: Zur deutschen Ideologie. Frankfurt a. M.

Adorno, T. W. (1995[7]): Studien zum autoritären Charakter. Frankfurt a. M.

Adorno, T. W. (2003[5]): Negative Dialektik, Jargon der Eigentlichkeit. Frankfurt a. M.

Ahlbom, P., Desax, M., Lövlie, M., Pedrol, T. & Johansson, I. (2009): Intuitive Pädagogik. In: http://www.intuitive-paedagogik.de/intuitive.paedagogik.de.htm. [12. 03. 2012]

Ahrbeck, B. (2011): Umgang mit Behinderung. Stuttgart

Ahrbeck, B. (2007): Hyperaktivität, innere Welt und kultureller Wandel. In: Ders. (Hg.): Hyperaktivität: Kulturtheorie, Pädagogik, Therapie. Stuttgart, 13–48

Apitzsch, G. (2010): Das deutsche Zuwanderungsgesetz und seine Bedeutung für Kinderflüchtlinge. In: Dieckhoff, P. (Hg.): Kinderflüchtlinge: Theoretische Grundlagen für berufliches Handeln. Wiesbaden, 81–93

Auernheimer, G. (2006[2]) (Hg.): Schieflagen im Bildungssystem: Die Benachteiligung der Migrantenkinder. Wiesbaden

Bateson, G. (1985[10]): Ökologie des Geistes: Anthropologische, psychologische, biologische und epistemologische Perspektiven. Frankfurt a. M.

Bangert, K. & Fischer, T. (2008): Deutsches Institut für Armutsbekämpfung (DIfA): Armut. In: http://www.armut.de/armut-in-deutschland.php. [22. 08. 2012]

Basquin, M. (2002): Überlegungen zur Hyperaktivität des Kindes. In: Arbeitshefte Kinderpsychoanalyse 31, 65–82

Bauer, J. (2008): Prinzip Menschlichkeit. Warum wir von Natur aus kooperieren. Hamburg

Beck, S. & Perry, T. (2007): Migranten-Milieus. Erste Erkenntnisse über Lebenswelten und wohnungsmarktspezifische Präferenzen von Personen mit Migrationshintergrund in Deutschland. In: vhw FW 7, 187–195

Beelmann, G. & Kieselbach, T. (2010): Berufliche Sozialisation und Übergangsprozesse arbeitsloser Jugendlicher. In: Braune-Krickau, T. & Ellinger. S. (Hg.): Handbuch Diakonische Jugendarbeit. Neukirchen-Vluyn, 535–551

Beermann, T. (2012): Soziale Herkunft entscheidet laut Studie immer noch über Bildungschancen. In: http://www.tagesschau.de/multimedia/video/video1078780.html. [08.08.2012]

Beers, S. R. & DeBellis, M. M. (2002): Neuropsychological function in children with maltreatment-related post-traumatic stress disorder. In: American Journal of Psychiatric 159, 483–486

Begemann, E. (1968): Die Bildungsfähigkeit der Hilfsschüler. Berlin

Begemann, E. (1970): Die Erziehung der soziokulturell-benachteiligten Schüler. Hannover

Benkmann, R. (2003): Bedingungen und Prozesse bei Beeinträchtigungen des Lernens: Die Perspektive des sozialen Konstruktivismus. In: Leonhardt, A. & Wember, F. B. (Hg.): Grundfragen der Sonderpädagogik: Bildung, Erziehung, Behinderung. Weinheim, 441–464

Benkmann, R. (2005): Zur Veränderung sonderpädagogischer Professionalität im Gemeinsamen Unterricht aus Sicht der Pädagogik bei Lernbeeinträchtigungen. In: Zeitschrift für Heilpädagogik 56, 418–427

Benkmann, R. (2007): Das interaktionstheoretische Paradigma. In: Walter, J. & Wember, F. B. (Hg.): Sonderpädagogik des Lernens. Göttingen, 81–92

Benkmann, R. (2010): Professionalisierung von Sonderschullehrkräften für den Gemeinsamen Unterricht. In: Zeitschrift für Heilpädagogik 61, 444–453

Berger, P. L. (1991): Auf den Spuren der Engel. Die moderne Gesellschaft und die Wiederentdeckung der Transzendenz. Freiburg i. Br.

Berger, P. L. & Luckmann, T. (1969): Die soziale Konstruktion der Wirklichkeit. Eine Theorie der Wissenssoziologie (Original 1966). Frankfurt a. M.

Berenbaum, H. (1999): Peculiarity and reported childhood maltreatment. In: Psychiatry 62, 21–35

Bertram, S. (2007): Hartz-IV: Für einen Armutssicheren Kindersatz. In: http://www.gegen-hartz.de/nachrichtenueberhartziv/0344e19a0d09c5204.php. [22.08.2012]

Bildungsklick (2008): Studie: „Ausgebrannte" Lehrer waren bereits im Studium überfordert. In: http://bildungsklick.de/a/57651/studie-ausgebrannte-lehrer-waren-bereits-im-studium-ueberfordert/. [22.08.2012]

Bindl, A., Schroeder, J. & Thielen, M. (2011): Arbeitsrealitäten und Lernbedarfe wenig qualifizierter Menschen. Bad Heilbrunn

BMAS (2008): Das Privatvermögen in Deutschland. In: http://www.crp-infotec.de/01deu/finanzen/privat_vermoegen.html. [23.08.2012]

BMFSFJ (2009): Bundesministerium für Familie, Senioren, Frauen und Jugend: 13. Kinder- und Jugendbericht. Bericht über die Lebenssituation junger Menschen und über die Leistungen der Kinder- und Jugendhilfe in Deutschland. Berlin

BMFSFJ (2011): Familienreport 2011. Leistungen, Wirkungen, Trends. Berlin

Böhm, W. (2000[15]): Wörterbuch der Pädagogik. Stuttgart

Böhmer, M. & Heimer, A. (2008): BMFSFJ (Hg.): Dossier Armutsrisiken von Kindern und Jugendlichen in Deutschland. In: http://www.bmfsfj.de/RedaktionBMFSFJ/ Broschuerenstelle/Pdf-Anlagen/Dossier-kinderarmut,property=pdf,bereich=bmfsfj,sprache=de,rwb=true.pdf. [11.08.2012]

Bohmeyer, A. (2010): Arbeit, Prekarität und Anerkennung. In: Braune-Krickau, T. & Ellinger, S. (Hg.): Handbuch Diakonische Jugendarbeit. Neukirchen-Vluyn, 169–183

Bolte, K.M., Kappe, D. & Neidhardt, F. (1967): Soziale Schichtung der Bundesrepublik Deutschland. In: Bolte, K.M. (Hg.): Deutsche Gesellschaft im Wandel. Opladen, 233–351

Bos, W. (2012): Chancenspiegel. Zur Chancengerechtigkeit und Leistungsfähigkeit der deutschen Schulsysteme. Bertelsmann-Studie. In: http://www.chancen-spiegel.de/. [08.08.2012]

Bourdieu, P. (2001): Wie die Kultur zum Bayern kommt. Hamburg

Bourdieu, P. (1982): Die feinen Unterschiede: Kritik der gesellschaftlichen Urteilskraft

Bourdieu, P. (1983): Die verborgenen Mechanismen der Macht. Frankfurt a. M.

Braune-Krickau, T. (2010a): Ausgrenzung und Missachtung: Jugendliche im Spiegel soziologischer Theorien sozialer Ungleichheit. In: Braune-Krickau, T. & Ellinger, S. (Hg.): Handbuch Diakonische Jugendarbeit. Neukirchen-Vluyn, 139–183

Braune-Krickau, T. (2010b): Pädagogisches Handeln bei Milieuunterschieden und Konflikten. In: Braune-Krickau, T. & Ellinger, S. (Hg.): Handbuch Diakonische Jugendarbeit. Neukirchen-Vluyn, 388–411

Braungart, M. & McDonough, W. (2005): Einfach intelligent produzieren: Cradle to cradle: Die Natur zeigt, wie wir die Dinge besser machen können. Gebrauchsanweisungen für das 21. Jahrhundert. Berlin

Braungart, M., McDonough, W. & House, R. (2009): Cradle to Cradle. London

Breidenstein, G. & Schütze, F. (2008): Paradoxien in der Reform der Schule: Ergebnisse qualitativer Sozialforschung (Studien zur Schul- und Bildungsforschung). Wiesbaden

Brisch, K. H. (2011[11]): Bindungstheorie: Von der Bindungsstörung zur Therapie. Stuttgart

Brisch, K. H. (2012): B. A. S. E Babywatching. In: http://www.khbrisch.de/files/flyer_base_deutsch.pdf. [26.08.2012]

Brophy, J. (2000): Teaching. In: http://www.ibe.unesco.org/en.html. [18.08.2012]

Brumlik, M. (2004[2]): Advokatorische Ethik. Zur Legitimation pädagogischer Eingriffe. Hamburg

Brumlik, M. (2008): „Autorität" und „Antiautoritarismus". In: Baader, M. S. (Hg.): Seid realistisch, verlangt das Unmögliche! Weinheim, 184–210

Bruner, J. S. (1973[3]): Der Prozeß der Erziehung. Berlin

Buber, M. (1986): Das Dialogische Prinzip. Gütersloh

Büchner, P. (2008): Soziale Herkunft und Bildung: Über das Reproduktionsdilemma von Akademikerfamilien und das Aufwachsen in Bildungsarmut. In: Liebau, E. & Zirfas, J. (Hg.): Ungerechtigkeit der Bildung – Bildung der Ungerechtigkeit. Opladen, 133–151

Bunn Graphics (2012): Centenials light. In: http://www.centennialbulb.org/. [06.04.2012]

Butterwegge, C. (2006[3]): Krise und Zukunft des Sozialstaates. Wiesbaden

Butterwegge, C. (2010): Deprivation und Desintegration – die Schattenseiten des Risikokapitalismus: Arbeitslosigkeit, Armut und soziale Ausgrenzung im Zeichen der Globalisierung. In: Weiß, H., Stinkes, U. & Fries, A. (Hg.): Prüfstand der Gesellschaft: Behinderung und Benachteiligung als soziale Herausforderung. Würzburg, 9–32

Butterwegge, C., Klundt, M. & Belke-Zeng, M. (2008): Kinderarmut in Ost- und Westdeutschland. Wiesbaden

Case, R. (1999): Die geistige Entwicklung des Menschen. Heidelberg

Carrey, N. J., Butter, H. J., Pesinger, M. A. & Bialik, R. J. (1995): Physiological and cognitive correlates of child abuse. In: Journal of American Academic Cild Adolesc Psychiatry 34, 1067–1075

Chassé, K. A. (2010): Die im Dunkeln sieht man nicht – Kinderarmut als wachsendes gesellschaftliches Problem. In: Weiß, H., Stinkes, U. & Fries, A. (Hg.): Prüfstand der Gesellschaft: Behinderung und Benachteiligung als soziale Herausforderung. Würzburg, 33–63

Chassé, K. A. (2007): Unterschicht, prekäre Lebenslagen, Exklusion – Versuch einer Dechiffrierung der Unterschichtsdebatte. In: Kessl, F., Reutlinger, C. & Ziegler, H. (Hg.): Erziehung zur Armut? Wiesbaden, 17–37

Chezhammer (2011): Auf den Spuren der Intuition. In: http://www.youtube.com/watch?v=GHycz9-yQVo. [12.03.2012]

Chillstream91 (2009): Airbus-Landung im Hudson River – DAS VIDEO von der Notlandung! In: http://www.youtube.com/watch?v=tj8HCeM78r4. [12.03.2012]

Colet, C. (2009): Förderung von Problemlösekompetenzen in Verbindung mit Selbstregulation: Wirkungsanalysen von Lehrerfortbildungen. Münster

Coleman, J. (1990): Foundations of Social Theory. Cambridge

Combe, A. & Helsper, W. (1996) (Hg.): Pädagogische Professionalität: Untersuchungen zum Typus pädagogischen Handelns, Frankfurt a. M.

Copei, F. (1969⁹): Der fruchtbare Moment im Bildungsprozeß. Heidelberg

Dahrendorf, R. (1964): Arbeiterkinder an unseren Universitäten. In: http://www.zeit.de/1964/26/arbeiterkinder-an-unseren-universitaeten/seite-1. [10.08.2012]

Dahrendorf, R. (1965): Die Gesellschaft und Demokratie in Deutschland. München

Dalheimer, J. (2011): Intuition – eine ungenutzte Ressource in der sozialen Arbeit: Ein Diskurs über die Fähigkeit, das Wesentliche einer Situation wahrzunehmen und adäquates Handeln daraus abzuleiten. Norderstedt

Dannoritzer, C. (2011): Kaufen für die Müllhalde. ARTE-Dokumentarfilm. In: http://www.arte.tv/de/3714422,CmC=3714270.html. [06.04.2012]

de Graaf, P. M. & de Graaf, N. D. (2007): Hoch- und populärkulturelle Dimensionen kulturellen Kapitals: Auswirkungen auf den Bildungsstand der Kinder. In: Georg, W. (Hg.): Soziale Ungleichheit im Bildungssystem. Eine empirisch-theoretische Bestandsaufnahme. Konstanz, 147–174

Delta (2012): Delta-Institut für Sozial- und Ökologieforschung. In: http://www.delta-sozialforschung.de/delta-milieus/delta-milieus/delta-milieusr/. [13.08.2012]

Descartes, R. (1905): Erforschung der Wahrheit durch das natürliche Licht. In: Buchenau, A. (Hg.): René Descartes. Philosophische Werke. Leipzig

Descartes, R. (1973): Regeln zur Ausrichtung der Erkenntniskraft. Herausgeben von L. Gaeble. Hamburg

Dieckhoff, P. (2010) (Hg.): Kinderflüchtlinge: Theoretische Grundlagen und berufliches Handeln. Wiesbaden

Diehl, K. (2010): Lesen- und Schreibenlernen. In: Hartke, B., Koch, K. & Diehl, K. (Hg.): Förderung in der Schuleingangsphase. Stuttgart, 55–90

Diehm, I. & Radtke, F.-O. (1999): Erziehung und Migration: Eine Einführung. Stuttgart

Diouani-Streek, M. (2011): Perspektivplanung von Pflegeverhältnissen (§§ 32, 37 SGB VIII): Onlinestudie in deutschen Jugendämtern. In: Zeitschrift für Sozialpädagogik 2, 115–142

Durkheim, E. (1981): Die elementaren Formen des religiösen Lebens. Frankfurt a. M.

Eggenberger, D. (1998): Grundlagen und Aspekte einer pädagogischen Intuitionstheorie: Die Bedeutung der Intuition für das Ausüben pädagogischer Tätigkeiten. Bern

Egle, U. T., Hoffmann, S. O. & Joraschky, P. (2004[3]) (Hg.): Sexueller Mißbrauch, Mißhandlung, Vernachlässigung: Erkennung, Therapie und Prävention der Folgen früher Stresserfahrungen. Stuttgart

Ehlers, K. & Hartke, B. (2010): Gewalt gegen Kinder – wie Lehrer helfen können. In: Hartke, B., Koch, K. & Diehl, K. (Hg.): Förderung in der Schuleingangsphase. Stuttgart, 295–310

Eiblmeier, P. & Koch, K. (2006[2]): Didaktik bei Lernbeeinträchtigungen. In: Ellinger, S. & Stein, R. (Hg.): Grundstudium Sonderpädagogik. Oberhausen, 351–377

Eichhorn, C. (2011): Classroom-Management: Wie Eltern, Lehrer und Schüler guten Unterricht gestalten. Stuttgart

Eickhorst, A. (2008): Interkulturelles Lernen in der Grundschule. Bad Heilbrunn

Elbert, A. & Ellinger, S. (2006[2]): Einführung in die Lernbehindertenpädagogik. In: Ellinger, S. & Stein, R. (Hg.): Grundstudium Sonderpädagogik. Oberhausen, 319–350

Ellinger, S. (2010a): Kontradiktische Beratung. Stuttgart

Ellinger, S. (2010b): Pädagogisches Handeln bei Migration und kulturellen Differenzen. In: Braune-Krickau, T. & Ellinger, S. (Hg.): Handbuch Diakonische Jugendarbeit. Neukirchen-Vluyn, 433–447

Ellinger, S. (2010c): Aufmerksamkeitsförderung. In: Hartke, B., Koch, K. & Diehl, K. (Hg.): Förderung in der schulischen Eingangsstufe. Stuttgart, 233–251

Ellinger, S. (2010d): Theoretische Perspektiven auf Verhalten und Handeln. In: Braune-Krickau, T. & Ellinger, S. (Hg.): Handbuch Diakonische Jugendarbeit. Neukirchen-Vluyn, 271–289

Ellinger, S. (2007): Förderbereich: Störungen im Bindungsverhalten. In: Ellinger, S., Koch, K. & Schroeder, J.: Risikokinder in der Ganztagsschule. Stuttgart, 149–170

Ellinger, S. (2002): Heterogenität in Jugendhilfe-Kollegien. Zur Bedeutung milieuspezifischer Plausibilitätsstrukturen für professionelle Erziehungsarbeit. In: Unsere Jugend 3, 127–137

Ellinger, S. & Hechler, O. (2012): Beratung und Entwicklungspädagogik: Zur Begründung einer pädagogischen Handlungsform. In: Zeitschrift für Heilpädagogik 7, 268–278

Ellinger, S. & Koch, K. (2007): Flexible Schuleingangsphase für Kinder mit sonderpädagogischem Förderbedarf: Eine kritische Bilanz zur Effektivität von Diagnose- und Förderklassen. In: Zeitschrift für Heilpädagogik 3, 82–90

Ellinger, S., Stein, R. & Breitenbach, E. (2006): Nischenarbeitsplätze für Menschen mit geringer Qualifikation. In: Zeitschrift für Heilpädagogik 4, 122–132

Ellinger, S., Koch, K. & Schroeder, J. (2007): Risikokinder in der Ganztagsschule. Stuttgart

Ellinger, S., Möhrlein, G. & Hoffart, E.-M. (2009) (Hg.): Ganztagsschule für traumatisierte Kinder und Jugendliche. Oberhausen

Endres, M. & Biermann, G. (2002²) (Hg.): Traumatisierung in Kindheit und Jugend. München

Eschenburg, T. (1976²): Über Autorität. Frankfurt a. M.

Farr, J. (1985): Situational analysis: Explanation in social sciences. The journal of politics 47, 1085–1107

Fassmann, H. (2011): Konzepte der (geographischen) Migrations- und Integrationsforschung. In: Fassmann, H. & Dahlvik, J. (Hg.): Migrations- und Integrationsforschung – multidisziplinäre Perspektiven. Göttingen, 57–86

Fereidooni, K. (2011): Schule – Migration – Diskriminierung. Ursachen der Benachteiligung von Kindern mit Migrationshintergrund im deutschen Schulwesen. Wiesbaden

Fischer, N., Holtappels, H.-G., Klieme, E., Rauschenbach, T., Stecher, L. & Züchner, I. (2011) (Hg.): Ganztagsschule: Entwicklung, Qualität, Wirkungen. Längsschnittliche Befunde der Studie zur Entwicklung von Ganztagsschulen (StEG). Weinheim und Basel

Frazer, N. & Honneth, A. (2003): Umverteilung oder Anerkennung? Eine politisch-philosophische Kontroverse. Frankfurt a. M.

Gehrke, M. (2012): Armut mit Wirtschaftswachstum bekämpfen. In: http://www.dw.de/dw/article/0,,15856870,00.html. [06.04.2012]

Geißler, H. (2009): Hartz IV – der große Betrug. Zu Gast bei Maischberger. In: http://www.youtube.com/watch?v=zNPlDA27gno&feature=related. [08.08.2012]

Giesecke, H. (1993): Pädagogik als Beruf. Weinheim

Godfray, H. C. J., Crute, I. R., Haddad, L., Lawrence, D., Muir, J. F., Nisbett, N., Pretty, J., Robinson, S., Toulmin, C. & Whiteley, R. (2010): The future of the global food system. In: Journal Proceedings of the Royal Society 27, 2769–2777

Goetze, H. (1991a): Konzepte zur integrierten Unterrichtung von Schülern mit Verhaltensstörungen – dargestellt an Ergebnissen der amerikanischen Mainstreamforschung. In: Vierteljahresschrift für Heilpädagogik und ihre Nachbargebiete 60 (1), 6–17

Goetze, H. (1991b): Regelschullehrer in Integrationsklassen mit verhaltensgestörten Schülern – eine Literaturübersicht. In: Heilpädagogische Forschung 2, 80–87

Gogolin, I. & Krüger-Potratz, M. (2006): Einführung in die interkulturelle Pädagogik. Weinheim

Gogolin, I. & Pries, L. (2004): Transmigration und Bildung. In: Zeitschrift für Erziehungswissenschaft 1, 5–19

Gomolla, M. & Radtke, F.-O. (2002): Institutionelle Diskriminierung. Die Herstellung ethnischer Differenz in der Schule. Opladen

Grell, J. & Grell, M. (2010): Unterrichtsrezepte. Weinheim

Grund, M. (2010): Wo Kinder ein Leben mit wenig Geld lernen. In: WELTonline. http://www.welt.de/politik/deutschland/article6347164/Wo-Kinder-fuer-ein-Leben-mit-wenig-Geld-lernen.html. [20.08.2012]

Grünke, M. (2003): Resilienzförderung bei Kindern und Jugendlichen in Schulen für Lernbehinderte. Eine Evaluation dreier Programme zur Steigerung der psychischen Widerstandsfähigkeit. Lengerich

Grünke, M. & Castello, A. (2004): Attributionstraining. In: Lauth, G. W., Grünke, M. & Brunstein, J. C. (Hg.): Interventionen bei Lernstörungen. Göttingen, 382–390

Grünke, M. & Leidig, T. (2007): Der Übergang Schule/Beruf. In: Walter, J. & Wember, F. B. (Hg.): Sonderpädagogik des Lernens. Göttingen, 844–856

Grünke, M. & Viganske, C. (2004): Ergebnisse der Jobcoaching-Projekte in Nordrhein-Westfalen und die Konsequenzen. In: Stach, M. & Stein, R. (Hg.): Berufliche Rehabilitation in Netzwerken und mit Hilfe neuer Medien. Bielefeld, 149–162

Gutmann, H.-M. & Braune-Krickau, T. (2010): Familie als Bezugspunkt Diakonischer Jugendarbeit. In: Braune-Krickau, T. & Ellinger. S. (Hg.): Handbuch Diakonische Jugendarbeit. Neukirchen-Vluyn, 187–216

Hägglund, B. (1983): Geschichte der Theologie. Ein Abriß. München

Hagen, T. & Hillenbrand, C. (2012): Effektive Lernförderung in der Schuleingangsphase. In: Zeitschrift für Heilpädagogik 8, 323–334

Hanesch, W., Krause, P. & Bäcker, G. (2000): Armut und Ungleichheit in Deutschland. Der neue Armutsbericht der Hans-Böckler-Stiftung, dem Deutschen Gewerkschaftsbund und dem paritätischen Wohlfahrtsverband. Reinbek bei Hamburg

Hansen, G. & Wenning, N. (2003): Schulpolitik für andere Ethnien in Deutschland. Zwischen Autonomie und Unterdrückung. Münster

Hardy, I. (2007): Die Förderung von Problemlösekompetenzen im Unterricht. Das Lehrerhandbuch. Berlin

Hartke, B. (2010): Lernen fördern. In: Hartke, B., Koch, K. & Diehl, K. (Hg.): Förderung in der Schuleingangsphase. Stuttgart, 19–54

Hartke, B. (2003): Offener Unterricht bei besonderem Förderbedarf. In: Leonhardt, A. & Wember, F. B. (Hg.): Grundfragen der Sonderpädagogik. Weinheim, 770–790

Hartke, B. & Diehl, K. (2013): Schulische Prävention im Bereich Lernen. Stuttgart

Hartke, B., Koch, K. & Diehl, K. (2010) (Hg.): Förderung in der schulischen Eingangsphase. Stuttgart

Hartz, P. (2007): Hartz 4 – der große Betrug. In: http://www.youtube.com/watch?v=zNPlDA27gno&feature=related. [08.08.2012]

Hauschildt, J. (1998): Diagnosegeleitete Förderung – ein wirklichkeitsorientiertes pädagogisches (Unterrichts-)Konzept? Ein Plädoyer für pädagogische Orientierung an der Wirklichkeit des Kindes. In: Sonderpädagogik 28, 84–92

Hawkesworth, S., Dangour, A. D., Johnston, D., Lock, K., Poole, N., Rushton, J., Uauy, R. & Waage, J. (2010): Feeding the world healthily: the challenge of measuring the effects of agriculture on health. In: Journal Proceedings of the Royal Society 27, 3083–3097

Hechler, O. (2010a): Pädagogische Beratung. Stuttgart

Hechler, O. (2010b): Pädagogische Beratung. In: Enzyklopädie in Erziehungswissenschaft Online. Weinheim

Hechler, O. (2011): Hilfen zur Erziehung. Stuttgart

Heckhausen, H. & Heckhausen, J. (2010⁴): Motivation und Entwicklung. In: Diess. Motivation und Handeln. Berlin, Heidelberg, 427–488

Hegel, G. W. F. (1970): Enzyklopädie der philosophischen Wissenschaften III. In: Michel, K. M. & Moldenhauer, E. (Hg.): Werke in 20 Bänden, Band 10. Frankfurt a. M.

Heimlich, U. (2012): Schulische Organisationsformen sonderpädagogischer Förderung auf dem Weg zur Inklusion. In: Heimlich, U. & Kahlert, J. (Hg.): Inklusion in Schule und Unterricht. Stuttgart, 80–116

Heimlich, U. (2011): Projektunterricht. In: Heimlich, U. & Wember, F. B. (Hg.): Didaktik des Unterrichts im Förderschwerpunkt Lernen. Stuttgart, 125–137

Heimlich, U. (2009): Lernschwierigkeiten. Sonderpädagogische Förderung im Förderschwerpunkt Lernen. Bad Heilbrunn

Heimlich, U. & Kahlert, J. (2012) (Hg.): Inklusion in Schule und Unterricht. Stuttgart

Heimlich, U. & Wember, F. B. (2011²) (Hg.): Didaktik des Unterrichts im Förderschwerpunkt Lernen. Stuttgart

Heinrich, P. (2009): Zaubern in der Förderschule. In: Ellinger, S. (Hg.): Kreatives Lehren und Lernen in der Förderschule. Baltmannsweiler, 233–246

Helmke, A (2010): Unterrichtsqualität und Lehrerprofessionalität. Diagnose, Evaluation und Verbesserung des Unterrichts. Seelze

Hennemann, T. & Hillenbrand, C. (2010): Klassenführung – Classroom Management. In: Hartke, B., Koch, K. & Diehl, K. (Hg.): Förderung in der schulischen Eingangsphase. Stuttgart, 255–279

Hennemann, T., Hillenbrand, C., Funke, S., Hens, S., Groschke, M. & Pütz, K. (2012): Kinder unter erhöhten emotional-sozialen und kognitiven Risiken als Herausforderung für die Inklusion: Evaluation einer selektiven Präventionsmaßnahme in der schulischen Eingangsstufe. In: Empirische Sonderpädagogik 2

Henning, D. (2011): Wachsende soziale Ungleichheit in Deutschland. In: http://www.wsws.org/de/2011/jan2011/bert-j08.shtml. [08.08.2012]

Herbart, J. F. (1964): Zwei Vorlesungen über Pädagogik. In: Kerbach, K. & Fluegel, O. (Hg.): Herbart: Sämtliche Werke in chronologischer Reihenfolge. Band 1. Langensalza 1887. Nachdruck: Aalen, 84–92

Herbert, U. (2001): Geschichte der Ausländerpolitik in Deutschland. Saisonarbeiter, Zwangsarbeiter, Gastarbeiter, Flüchtlinge. München

Hess, S. & Tsianos, V. (2007): Europeaning Transnationalism! Provincializing Europe! Konturen eines neuen Grenzregimes. In: Transit Migration Forschungsgruppe (Hg.): Turbulente Ränder: Neue Perspektiven auf Migration an den Grenzen Europas. Bielefeld, 23–38

Hillenbrand, C. (2008⁴): Einführung in die Verhaltensgestörtenpädagogik. Stuttgart

Hillenbrand, C., Hennemann, T. & Hens, S. (2010): Lubo aus dem All! 1. und 2. Klasse: Programm zur Förderung sozial-emotionaler Kompetenzen. München

Hillenbrand, C., Hennemann, T. & Hens, S. (2011): Kompetenzförderung zur universellen Prävention von Verhaltensstörungen in der schulischen Eingangsstufe: Evaluation des kindorientierten Präventionsprogramms „Lubo aus dem All". In: Zeitschrift für Grundschulforschung 4, 113–125

Hillenbrand, C. & Pütz, K. (2008): Spielerisch Regeln lernen – das KlasseKinderSpiel. Hamburg

Hiller, G. G. (1995): Alltagsbegleitung. Begründung, Konzept und Realisierungsvorschläge für eine Zusammenarbeit mit jungen Menschen in erschwerten Lebenslagen. In: Die Sonderschule 40, 2–13

Hiller, G. G. (2007): Milieusensible kommunale „Bildungslandschaften" als Antwort auf die Pluralisierung der Lebenslagen. In: Katzenbach, D. (Hg.): Vielfalt braucht Struktur. Heterogenität als Herausforderung für die Unterrichts- und Schulentwicklung. Frankfurt a. M., 107–117

Hofsäss, T. (2007): Berufsvorbereitung. In: Heimlich, U. & Wember, F. B. (Hg.): Didaktik des Unterrichts im Förderschwerpunkt Lernen. Stuttgart, 318–324

Holz, G. (2010²): Frühe Armutserfahrungen und ihre Folgen. In: Zander, M. (Hg.): Kinderarmut. Einführendes Handbuch für Forschung und soziale Praxis. Wiesbaden, 88–109

Holzbrecher, A. (2004): Interkulturelle Pädagogik. Berlin

Honneth, A. (2003²): Kampf um Anerkennung: Zur moralischen Grammatik sozialer Konflikte. Frankfurt a. M.

Honneth, A. (2004): Anerkennung als Ideologie. In: WestEnd. Neue Zeitschrift für Sozialforschung 1, 51–70

Hörmann, Z. K. (2011): Fühlen ist klüger als denken. Mit Intuition die richtigen Entscheidungen treffen. Bielefeld

Hradil, S. (2001[8]): Soziale Ungleichheit in Deutschland. Opladen

Hradil, S. (2004): Die Sozialstruktur Deutschlands im internationalen Vergleich. Wiesbaden

Huber, C. (2009): Soziale Ausgrenzung in der Integration von Schülern mit sonderpädagogischem Förderbedarf: Zusammenhang von Persönlichkeit, Gruppenheterogenität und sozialer Ausgrenzung. In: Empirische Pädagogik 2, 170–190

Huber, C. & Grosche, M. (2012): Das response-to-intervention-Modell als Grundlage für einen inklusiven Paradigmenwechseln in der Sonderpädagogik. In: Zeitschrift für Heilpädagogik 8, 312–322

Hugo, P. (2011): Permanent error. München

Hurrelmann, K., Grundmann, M. & Walper, S. (2008[7]) (Hg.): Handbuch Sozialisationsforschung. Weinheim

Huster, E.-U., Boeckh, J. & Mogge-Grotjahn, H. (2012[2]): Handbuch Armut und soziale Ausgrenzung. Wiesbaden

Jackson, T. (2011): Wohlstand ohne Wachstum: Leben und Wirtschaften in einer endlichen Welt. München

Julius, H. (2010): Bindungsgeleitete schulische Intervention. In: Hartke, B., Koch, K. & Diehl, K. (Hg.): Förderung in der Schuleingangsphase. Stuttgart, 280–294

Kade, J. (1997): Vermittelbar/nicht-vermittelbar: Vermitteln: Aneignen. Im Prozess der Systembildung des Pädagogischen. In: Luhmann, N. & Lenzen, D. (Hg.): Bildung und Weiterbildung im Erziehungssystem. Frankfurt a. M., 30–70

Kahlert, J. & Heimlich, U. (2012): Inklusionsdidaktische Netze – Konturen eines Unterrichts für alle (dargestellt am Beispiel des Sachunterrichts). In: Heimlich, U. & Kahlert, J. (Hg.): Inklusion in Schule und Unterricht. Stuttgart, 153–190

Kampshoff, M. (2010[2]): Armutsprävention im Bildungsbereich. In: Zander, M. (Hg.): Kinderarmut. Einführendes Handbuch für Forschung und soziale Praxis. Wiesbaden, 218–236

Kandert, C. (2009): Musik für alle. In: Ellinger, S. (Hg.): Kreatives Lehren und Lernen in der Förderschule. Baltmannsweiler, 29–85

Kant, I. (1964): Gott und die Welt. In: Schmidt, R. (Hg.): Kant, I. – Die drei Kritiken. Kröners Taschenausgabe Band 10. Stuttgart, 491–493

Karakayalt, S. & Tsianos, V. (2007): Movements that matter. Eine Einleitung. In: Transit Migration Forschungsgruppe (Hg.): Turbulente Ränder: Neue Perspektiven auf Migration an den Grenzen Europas. Bielefeld, 7–17

Katzenbach, D. (2004): Wenn das Lernen zu riskant wird. Anmerkungen zu den emotionalen Grundlagen des Lernens. In: Dammasch, F., Katzenbach, D. (Hg.): Lernen und Lernstörungen bei Kindern und Jugendlichen. Frankfurt a. M., 83–104

Katzenbach, D. & Schroeder, J. (2007): „Ohne Angst verschieden sein können". Über Inklusion und ihre Machbarkeit. In: Zeitschrift für Inklusion Nr. 1 (2007). http://www.inklusion-online.net/index.php/inklusion/article/view/2/2. [18.08.2012]

Keller, G. (2008): Disziplinmanagement in der Schulklasse. Unterrichtsstörungen vorbeugen – Unterrichtsstörungen bewältigen. Bern

Keller, I. & Grömminger, O. (1993): Aufmerksamkeit. In: von Cramon, D. Y., Mai, N. & Ziegler, W. (Hg.): Neuropsychologische Diagnostik: Neurobiologie. Weinheim, 65–90

Kessl, F., Reutlinger, C. & Ziegler, H. (2007): Erziehung zur Armut? Soziale Arbeit und die „neue Unterschicht". Wiesbaden

Kiel, E., Weiß, S. & Braune, A. (2012): Sonderpädagogische Professionalität und Inklusion: Welchen Beitrag leistet das Studium der Sonderpädagogik? In: Heimlich, U. & Kahlert, J. (2012) (Hg.): Inklusion in Schule und Unterricht. Stuttgart, 191–199

Kierkegaard, S. (1950): Gesammelte Werke. Düsseldorf

Kindler, H., Lillig, S., Blüml, H., Meysen, T. & Werner, A. (2006) (Hg.): Handbuch Kindeswohlgefährdung nach § 1666 BGB und Allgemeiner Sozialer Dienst (ASD). München

Klein, G. (1973): Die soziale Benachteiligung der Lernbehinderten im Vergleich zu den Hauptschülern. In: Heese, G. & Reinartz, A. (Hg.): Aktuelle Probleme der Lernbehindertenpädagogik. Berlin, 7–22

Klein, G. (2001): Sozialer Hintergrund und Schullaufbahn von Lernbehinderten/Förderschülern 1969–1997. In: Zeitschrift für Heilpädagogik 52, 51–61

KMK (2003): Statistische Veröffentlichungen der Kultusministerkonferenz. Dokumentation Nr. 170, Dezember 2003. Bonn

Kobi. E. E. (2004[6]): Grundfragen der Heilpädagogik. Berlin

Kobi, E. E. (1993[5]): Grundfragen der Heilpädagogik. Berlin

Kobi, E. E. (1980[2]): Die Rehabilitation der Lernbehinderten.Bern

Koch, K. (2004a): Die soziale Lage der Familien von Förderschülern. Ergebnisse einer empirischen Studie – Teil I: Sozioökonomische Bedingungen. In: Sonderpädagogische Forschung 2, 181–199

Koch, K. (2004b): Die soziale Lage der Familien von Förderschülern. Teil II: Sozialisationsbedingungen in Familien von Förderschülern. In: Sonderpädagogische Förderung 4, 411–427

Koch, K. (2007a): Soziokulturelle Benachteiligung. In: Walter, J. & Wember, F. B. (Hg.): Handbuch Sonderpädagogik Band 2: Sonderpädagogik des Lernens. Göttingen et al., 104–116

Koch, K. (2007b): Armut und soziale Benachteiligung. In: Ellinger, S. et al.: Risikokinder in der Ganztagsschule. Stuttgart, 102–115

Koch, K., Blumenthal, Y. & Tresp, T. (2012): Diagnoseförderklassen (DFK) oder Grundschulklassen? – Die Schullaufbahnen gefährdeter Schüler im Vergleich. Projektabschlussbericht. In: http://www.sopaed.uni-rostock.de/aktuelle-publikationen/. [22.08.2012]

Koch, K. & Knopp, E. (2010): Mathematisches Lernen. In: Hartke, B., Koch, K. & Diehl, K. (Hg.): Förderung in der Schuleingangsphase. Stuttgart, 91–113

Kopf, H. & Bangert, K. (2008): Berechnung nationaler Armut. In: http://www.armut.de/armut-in-deutschland_berechnung-der-armut.php. [10.08.2012]

Korte, J. (2008): Erziehungspartnerschaft Eltern – Schule: Von der Elternarbeit zur Elternpädagogik. Weinheim

Kraus, J. (2005a): Nicht die soziale Herkunft entscheidet über den Schulerfolg, sondern die Bildungswilligkeit. In: http://www.lehrerverband.de/herkunft.htm. [08.08.2012]

Kraus, J. (2005b): Der PISA-Schwindel. Unsere Kinder sind besser als ihr Ruf. Wien

Kronauer, M. (2010[2]): Exklusion. Die Gefährdung des Sozialen im hoch entwickelten Kapitalismus. Frankfurt a. M.

Krüger-Potratz, M. (2010): Interkulturelle Pädagogik – Fachgebiet, Konzepte und Maßnahmen. In: Dieckhoff, P. (Hg.): Kinderflüchtlinge. Theoretische Grundlagen und berufliches Handeln. Wiesbaden, 151–158

Kurtz, T. (2005): Die Berufsform der Gesellschaft. Birkach

KUS (2009): Schule einmal anders: Klassenzimmer unter Segeln (KUS). In: http://www.kus-projekt.de. [10.08.2009]

Latouche, S. (2009): Farewell to Growth. New York

Laucht, M., Esser, G. & Schmidt, M. H. (2000): Risiko- und Schutzfaktoren in der Entwicklung von Kindern und Jugendlichen. Frühförderung interdisziplinär. In: Zeitschrift für Praxis und Theorie der frühen Hilfe für behinderte und entwicklungsauffällige Kinder 19, 97–108

Lauth, G. W., Brunstein, J. C. & Grünke, M. (2004): Lernstörungen im Überblick: Arten, Klassifikation, Verbreitung und Erklärungsperspektiven. In: Lauth, G. W., Grünke, M. & Brunstein, J. C. (Hg.): Interventionen bei Lernstörungen. Göttingen, 13–23

Lemke, W., Stange, E.-M., Duvner, H., Eckinger, L., Thilene, H., Weichhold, M., Besenfelder, G., Sehrbrock, I. & Heesene, P. (2000): Aufgaben von Lehrerinnen und Lehrern heute – Fachleute für das Lernen. Gemeinsame Erklärung des Präsidenten der Kulturministerkonferenz und der Vorsitzenden der Bildungs- und Lehrergewerkschaften sowie ihrer Spitzenorganisation. In: http://www. kmk.org/fileadmin/veroeffentlichungen_beschluesse/2000/2000_10_05-Aufgaben-Lehrer.pdf. [08.03.2012]

Liebau, E. & Zirfas, J. (2008) (Hg.): Ungerechtigkeit der Bildung – Bildung der Ungerechtigkeit. Opladen

Löhlein, H. (2010): Fluchtziel Deutschland. In: Dieckhoff, P. (Hg.): Kinderflüchtlinge. Theoretische Grundlagen und berufliches Handeln. Wiesbaden, 27–33

Lohmann, G. (2003): Mit Schülern klarkommen. Professioneller Umgang mit Unterrichtsstörungen und Disziplinproblemen. Berlin

London, B. (1932): Ending the Depression Through Planned Obsolescence. New York

Luckmann, T. (1993²): Die unsichtbare Religion. Frankfurt a. M.

Luckmann, T. & Schütz, A. (2003): Strukturen der Lebenswelt. Konstanz

Lütje-Klose, B. (2011): Müssen Lehrkräfte ihr didaktisches Handeln verändern? Inklusive Didaktik als Herausforderung für den Unterricht. In: Lernende Schule 55, 13–15

Male, E. (2010): Deutschland – Die Mittelschicht schrumpft. In: http://diepresse.com/home/wirtschaft/international/573940/Deutschland_Die-Mittelschicht-schrumpft. [10.08.2012]

Mannhaupt, G. (2010): Phonologische Bewusstheit – eine notwendige Voraussetzung des Schriftspracherwerbs. In: Hartke, B., Koch, K. & Diehl, K. (Hg.): Förderung in der Schuleingangsphase. Stuttgart, 186–209

Mead, G. H. (1968): Geist, Identität und Gesellschaft (Original 1934). Frankfurt a. M.

Merton, R. K. (1995): Soziologische Theorie und soziale Struktur (Original 1957). Berlin

Methner, A., Popp, K. & Melzer, C. (2013): Kooperative Beratung. Stuttgart

Meyer, H. (2004): Was ist guter Unterricht? Frankfurt a. M.

Miller, A. (1949): Death of a salesman. New York

Mokono (2012): Eine kurze Geschichte der Prozessor GHz-Entwicklung. In: http://www.blog.de/tb/a/r/computertechnik/kurze-geschichte-prozessor-ghz-entwicklung/5942147/. [07. 04. 2012]

Molcho, S. (2002): Das 1x1 der Körpersprache der Kinder. München

Molcho, S. (2008): Alles über Körpersprache: sich selbst und andere besser verstehen. München

Moser, H. (2010[5]): Einführung in die Medienpädagogik: Aufwachsen im Medienzeitalter. Opladen

Müller, T. (2005): Armut von Kindern an Förderschulen. Hamburg

Müller, T. (2008): Innere Armut: Kinder und Jugendliche zwischen Mangel und Überfluss. Wiesbaden

Muzek, G. (2011): Migration und öffentliches Recht. In: Fassmann, H. & Dahlvik, J. (Hg.): Migrations- und Integrationsforschung – multidisziplinäre Perspektiven. Göttingen, 249–266

Nave-Herz, R. (2007[3]): Familie heute – Wandel der Familienstrukturen und Folgen für die Erziehung. Darmstadt

Neistat, C. & Neistat, F. (2012): Dirty-secret. In: http://www.ipodsdirtysecret.com/. [06. 04. 2012]

Nolte, P. (2006): Riskante Moderne. Die Deutschen und der neue Kapitalismus. Bundeszentrale für politische Bildung. Bonn

NYT (1966): New York Times am 18. 02. 1966. Alfred P. Sloan Jr. Dead at 90; G. M. Leader and Philanthropist. In: http://www.nytimes.com/learning/general/onthisday/bday/0523.html. [06. 04. 2012]

Obert, M. (2011): Die dunkle Seite der digitalen Welt. In: ZEIT online vom 06. 11. 2011. In: http://www.zeit.de/2011/02/Kongo-Rohstoffe/seite-1. [06. 04. 2012]

OECD (2010): Soziale Gerechtigkeit in der OECD – wo steht Deutschland? Sustainable Governance Indicators 2011. In: http://www.bertelsmann-stiftung.de/bst/de/media/xcms_bst_dms_33013_33014_2.pdf. [08. 08. 2012]

Oevermann, U. (1972): Sprache und soziale Herkunft. Ein Beitrag zur Analyse schichtspezifischer Sozialisationsprozesse und ihrer Bedeutung für den Schulerfolg. Frankfurt

Orthmann Bless, D. (2007): Das schulsystemische Paradigma. In: Walter, J. & Wember, F. B. (Hg.): Handbuch Sonderpädagogik Band 2: Sonderpädagogik des Lernens. Göttingen, 93–103

Orthmann, D. (2006): Beeinträchtigungen des Lernens. In: Hansen, G. & Stein, R. (Hg.): Kompendium Sonderpädagogik. Bad Heilbrunn, 82–95

Ottomeyer, K. (2011): Die Behandlung der Opfer: Über unseren Umgang mit dem Trauma der Flüchtlinge und Verfolgten. Stuttgart

Packard, V. (1961): Die große Verschwendung. Original 1960. Düsseldorf

Paine, C. (2006): Get involved. In: http://www.whokilledtheelectriccarmovie.com. [03.03.2012]

Parfitt, J., Barthel, M. & Macnaughton, S. (2010): Food waste within food supply chains: quantification and potential for change to 2050. In: Journal Proceedings of the Royal Society 27, 3065–3081

Pascal, B. (1954[5]): Über die Religion. Heidelberg

Pfadenhauer, M. (2005) (Hg.): Professionelles Handeln. Wiesbaden

Platon (1973a): Der Staat. In: Nestle, W. (Hg.): Platon: Hauptwerke. Stuttgart, 151–254

Platon (1973b): Phaidros. In: Nestle, W. (Hg.): Platon: Hauptwerke. Stuttgart, 143–150

Posener, A. (2012): Kinder sind keine Tyrannen, sie werden dazu gemacht. Welt online In: http://www.welt.de/kultur/article108616885/Kinder-sind-keine-Tyrannen-sie-werden-dazu-gemacht.html?wtmc=google.editorspick?wtmc=google.editorspick&google_editors_picks=true. [15.08.2012]

Poulsen, F. P. (2011): Blut im Handy? Der schmutzige Handel mit Coltan für unsere Handys. SWR/WDR-Produktion. In: http://www.planet-schule.de/sf/php/02_sen01.php?sendung=8553. [06.04.2012]

Prange, K. (2005a): Die vielen Erziehungswissenschaften und die eine Pädagogik – zum Verhältnis von Erwachsenenbildung und Allgemeiner Pädagogik. In: Report (28) 1, 13–22

Prange, K. (2005b): Die Zeigestruktur der Erziehung. Grundriss der Operativen Pädagogik. Paderborn

Prange, K. (2008): Erziehung als pädagogischer Grundbegriff. In: Handbuch Erziehungswissenschaft Band I. Paderborn, 193–207

Prange, K. (2010): Die Ethik der Erziehung. Zur Normativität erzieherischen Handelns. Stuttgart

Prange, K. & Strobel-Eisele, G. (2006): Die Formen des pädagogischen Handelns. Stuttgart

Prantl, H. (2005): Kein schöner Land: Die Zerstörung der sozialen Gerechtigkeit. München

Preuss-Lausitz, U. (2003): Migrantenkinder 2000: Ausgangslage für eine Verbesserung der Chancengleichheit im Bildungssystem. Arbeitspapier der Potsdamer Konferenz. In: http://www.chancengleichheit.org/texte/foren/F3/p_lausitz.html. [19.03.2003]

Probst, H. (1998): Der kindzentrierte Agnostizismus im wirklichkeitsorientierten Unterrichtskonzept Jörg Hauschildts. In: Sonderpädagogik 28, 100–105

Przybilla, O. (2012): Gefangen in einem freien Land. In: http://www.sueddeutsche.de/bayern/hungerstreik-von-asylbewerbern-in-wuerzburg-gefangen-in-einem-freien-land-1.1320317. [10.08.2012]

Putman, F. W. (1997): Dissociation in child and adolescents. New York

Quenzel, G. & Hurrelmann, K. (2010) (Hg.): Bildungsverlierer: Neue Ungleichheiten. Wiesbaden

Ramirez-Rodriguez, R. & Dohmen, D. (2010): Ethnisierung von geringer Bildung. In: Quenzel, G. & Hurrelmann, K. (Hg.): Bildungsverlierer: Neue Ungleichheiten. Wiesbaden, 289–311

Rauin, U. (2007): Im Studium wenig engagiert – im Beruf schnell überfordert: Studierverhalten und Karrieren im Lehrerberuf – kann man Risiken schon im Studium prognostizieren? In: forschung aktuell 3, 60–64, http://www.uni-frankfurt.de/fb/fb04/download/Rauin_Studierverhalten.pdf. [24.08.2012]

Reiß, G. & Werner, B. (2007): Offener Unterricht. In: Heimlich, U. & Wember, F. B. (Hg.): Didaktik des Unterrichts im Förderschwerpunkt Lernen. Stuttgart, 112–124

Reith, K.-H. (2012): Deutsche Schulen bekommen eine fünf. In: http://www.stern.de/panorama/studie-zur-chancengleichheit-deutsche-schulen-bekommen-eine-fuenf-1798487.html. [12.03.2012]

Reuter, B. (2010): Wie bekommt man neun Milliarden Menschen satt? In: ZEIT online vom 17.08.2010. In: http://www.zeit.de/wissen/2010-08/ernaehrung-hunger. [10.08.2012]

Richter, A. (2000): Wie erleben und bewältigen Kinder Armut? Eine qualitative Studie über Belastungen aus Unterversorgungslagen und ihre Bewältigung aus subjektiver Sicht von Grundschulkindern einer ländlichen Region. Aachen

Rieger, U. (2010): Kinder auf der Flucht. In: Dieckhoff, P. (Hg.): Kinderflüchtlinge. Theoretische Grundlagen und berufliches Handeln. Wiesbaden, 21–26

Rister, A. (2003): Pressemitteilung von terres de hommes vom 16. 10. 2003. In: http://www.lebenshaus-alb.de/magazin/001943.html#axzz24NaXR4ps. [24. 08. 2012]

Rolfs, C. (2009): Pfade und Brücken zur Kunst. In: Ellinger, S. (Hg.): Kreatives Lehren und Lernen in der Förderschule. Baltmannsweiler, 181–211

Rosenberg, M. B. (2007): Gewaltfreie Kommunikation: Eine Sprache des Lebens. Paderborn

Roth, H. (1963⁷): Pädagogische Psychologie des Lernens und Lehrens. Hannover

Salgo, L. (1987): Pflegekindschaft und Staatsintervention. Darmstadt

Salgo, L. (2009): Verbleib oder Rückkehr? – aus jugendrechtlicher Sicht. In: Stiftung zum Wohle des Pflegekindes (Hg.): 4. Jahrbuch des Kinderpflegewesens. Idstein, 43–71

Salgo, L. & Zenz, G. (2010): Kontinuitätssichernde Strukturen und Verfahren im Pflegekinderwesen. Rechts- und sozialpolitische Forderungen. In: Frühe Kindheit 13, 26–28

Sasse, A. (1999): Lernbehinderung aus der Perspektive „neuer" Formen sozialer Ungleichheit. In: Die neue Sonderschule 44, 421–433

Sayavong, L. (2010): Die Professionalisierung des Lehrerberufs. München

Schartner, A. (2011): Armes Deutschland. In: http://www.news.de/wirtschaft/855250002/oecd-studie-deutsche-einkommen-driften-besonders-stark-auseinander/1/. [08. 08. 2012]

Schieren, J. (2008): Rationalität und Intuition in philosophischer und pädagogischer Perspektive. Frankfurt a. M.

Schleiermacher, F. D. (2000): Grundzüge der Erziehungskunst. Original 1848. In: Winkler, M. & Brachmann, J. (Hg.): Friedrich Daniel Ernst Schleiermacher: Texte zur Pädagogik. Studienausgabe. Band 2. Frankfurt a. M., 37–39

Schlee, J. (2012³): Kollegiale Beratung und Supervision für pädagogische Berufe; Hilfe zur Selbsthilfe: Ein Arbeitsbuch. Stuttgart

Schrader, H. (2002): Flocken. In: Deutsche Autos 1885–1920. Band 1. Stuttgart

Schroeder, J. (2002): Bildung im geteilten Raum. Schulentwicklung unter Bedingungen von Armut und Migration. Münster

Schroeder, J. (2007a): Lernförderung. In: Ellinger, S., Koch, K. & Schroeder, J.: Risikokinder in der Ganztagsschule. Stuttgart, 77–101

Schroeder, J. (2007b): Recht auf Bildung – auch für Flüchtlinge. Aktuelle Regelungen, konzeptionelle Überlegungen und bildungspolitische Folgerungen. In: Die Deutsche Schule 2, 231–249

Schroeder, J. (2007c): Interkulturalität. In: Ellinger, S. et al.: Risikokinder in der Ganztagsschule. Stuttgart, 51–76

Schroeder, J. (2007d): Lebenslagenorientierte Profilbildung – „Milieusensible Bildungslandschaften". In: Katzenbach, D. & Schroeder, J. (2007): „Ohne Angst verschieden sein können" – Über Inklusion und ihre Machbarkeit. In: Zeitschrift für Inklusion Nr. 1 (2007), http://www.inklusion-online.net/index.php/inklusion/article/view/2/2. [18.08.2012]

Schroeder, J. (2007e): Was ist eine Ganztagsschule für Risikokinder? In: Ellinger, S., Koch, K. & Schroeder, J.: Risikokinder in der Ganztagsschule. Stuttgart, 9–36

Schroeder, J. & Seukwa, L.H. (2007): Flucht – Bildung – Arbeit. Fallstudien zur beruflichen Qualifizierung von Flüchtlingen. Karlsruhe

Schott, H. (2010): Sucht: Prävention und Intervention bei Jugendlichen – Eine pädagogische Perspektive. In: Braune-Krickau, T. & Ellinger, S. (Hg.): Handbuch Diakonische Jugendarbeit. Neukrichen-Vluyn, 553–570

Schultheis, K. (2008): Erziehen als Beruf. In: Handbuch Erziehungswissenschaft Band I. Paderborn, 957–978

Schulze, G. (2000): Die Erlebnisgesellschaft. Kultursoziologie der Gegenwart

Schütze, F. (2000): Schwierigkeiten bei der Arbeit und Paradoxien des professionellen Handelns. Ein grundlagen-theoretischer Aufriß. In: Zeitschrift für Qualitative Sozialforschung

Schütze, F., Bräu, K., Liermann, H., Prokopp, K., Speth, M. & Wiesemann, J. (1996): Überlegungen zu Paradoxien des professionellen Lehrerhandelns in den Dimensionen der Schulorganisation. In: Helsper, W.; Krüger, H.H. & Wenzel, H. (Hg.): Schule und Gesellschaft im Umbruch. Band 1: Theoretische und internationale Perspektiven. Weinheim, 333–377

Sedlmayr, L. (2011): Die Bedeutung der Intuition im pädagogischen Handeln. München

Seidl, I. & Zahrnt, A. (2010) (Hg.): Postwachstumsgesellschaft: Neue Konzepte für die Zukunft. München

Seligman, M. E. (2010²): Erlernte Hilflosigkeit. Weinheim

Siepmann, G. (1999): Zur Personengruppe der Lernbehinderten im Land Brandenburg. In: Ellger-Rüttgard, S. & Wachtel, P. (Hg.): Zehn Jahre Sonderpädagogik und Rehabilitation im vereinten Deutschland. Neuwied, 64–81

Simon, I. (2009): Ergebnisse aus der Traumaforschung. In: Ellinger, S., Möhrlein, G. & Hoffart, E.-M. (Hg.): Ganztagsschule für traumatisierte Kinder und Jugendliche. Oberhausen, 40–68

Singer, K. (1992): Zivilcourage wagen. Wie man lernt, sich einzumischen. München

Singer, K. (1998): Die Würde des Schülers ist antastbar. Vom Alltag in unseren Schulen – und wie wir ihn verändern können. Reinbek bei Hamburg

Singer, K. (2009): Die Schulkatastrophe: Schüler brauchen Lernfreude statt Furcht, Zwang und Auslese. Weinheim

Sinus (2010): Pressearchiv. In: http://www.sinus-institut.de/presse/pressearchiv/pyear/2010.html. [11.08.2012]

Sinus (2011): Sinus-Milieus. In: http://www.sociovision.de/loesungen/sinus-milieus.html. [12.08.2011]

Sinus (2012): Erfolgreich mit den Sinus-Milieus. Die psychographische Zielgruppenwährung und ihre Anwendungsmöglichkeiten. In: http://www.sinus-institut.de/uploads/tx_mpdownloadcenter/Sinus-Milieus_und_microm_Geo_Milieus.pdf. [12.08.2012]

Souvignier, E. (2007): Kooperatives Lernen. In: Walter, J. & Wember, F. B. (Hg.): Sonderpädagogik des Lernens. Göttingen, 452–466

Speck, O. (1995): Aktuelle Fragen Sonderpädagogischer Förderung. In: Die Sonderschule 40, 3, 166–181

Speck, O. (1996): Erziehung und Achtung vor dem Anderen: Zur moralischen Dimension der Erziehung. München

Statista (2012a): Durchschnittliche Bruttoverdienste vollzeitbeschäftigter Arbeitnehmer. In: http://de.statista.com/statistik/daten/studie/1789/umfrage/durchschnittseinkommen-in-deutschland-nach-branchen/. [10.08.2012]

Statista (2012b): Anzahl der Euro-Millionäre in Deutschland 2011. In: http://de.statista.com/statistik/daten/studie/162284/umfrage/millionaere-in-deutschland/. [25.08.2012]

Statista (2012c): Anzahl der Asylanträge (insgesamt) in Deutschland von 1995 bis 2012. In: http://www.de.statista.com/statistik/daten/studie/76095/umfrage/asylantraege-insgesamt-in-deutschland-seit-1995/. [05. 10. 2012]

Statistisches Bundesamt (2002): Datenreport 2002. Bonn

Statistisches Bundesamt (2010): Bevölkerung und Erwerbstätigkeit. Bevölkerung mit Migrationshintergrund – Ergebnisse des Mikrozensus. Wiesbaden

Statistisches Bundesamt (2012): Einkommens- und Verbrauchsstichprobe. Fachserie 15 Heft 6 – 2008 vom 03. 08. 2012. In: http://www.destatis.de/DE/Publikationen/Thematisch/EinkommenKonsumLebensbedingungen/EinkommenVerbrauch/Einkommensverteilung2152606089004.html. [25. 08. 2012]

Stein, R. (2005): Einführung in die pädagogische Gestaltarbeit. Baltmannsweiler

Stein, R. (2011²): Grundwissen Verhaltensstörungen. Baltmannsweiler

Streeck-Fischer, A. (2006): Trauma und Entwicklung. Stuttgart

Strengmann-Kuhn, W. (2003): Armut trotz Erwerbstätigkeit. Analysen und sozialpolitische Konsequenzen. Frankfurt a. M.

Sünkel, W. (2011): Erziehungsbegriff und Erziehungsverhältnis. Allgemeine Theorie der Erziehung. Band 1. Weinheim

Teckentrupp, G. (2010): Wenn der Körper die Seele entlastet – Somatische Symptome als Reaktionen auf extreme Traumatisierungen. In: Dieckhoff, P. (Hg.): Kinderflüchtlinge. Theoretische Grundlagen und berufliches Handeln. Wiesbaden, 97–111

Tepperwein, K. (2010): Intuition – die geheimnisvolle Kraft: So nehmen Sie ihre innere Stimme wahr und verwirklichen Ihren Traum. München

Thimm, W. (1984): Lernbehinderte. Versuch einer soziologischen Beschreibung. Hagen

Thomas, W. I. & Thomas, D. S. (1928): The Child in America. New York

Thurnher, A. (2009): Vor 20 Jahren im Falter: Wie Los Angeles um das größte Straßenbahnnetz der Welt kam. Falter 18, 3

Tittel, H. (2012): Arme Schüler werden schlechter zensiert. In: http://www.stern.de/wirtschaft/familie/studie-zu-schulnoten-arme-schueler-werden-schlechter-zensiert-1762805.html. [12. 03. 2012]

Ueltzhöffer, J. & Faig, B. (1992): Spuren der Gemeinsamkeit? Soziale Milieus in Ost- und Westdeutschland. In: Weidenfeld, W. (Hg.): Deutschland, Eine Nation – doppelte Geschichte. Köln, 61–81

Unfried, P. (2009): Der Umweltretter Michael Braungart. TAZ vom 07.03.2009. In: http://www.taz.de/!31442/. [06.04.2012]

Urbatsch, K. (2012): ArbeiterKind.de: Gemeinnützige UG. In: http://www.arbeiterkind.de/index.php?id=6 [13.08.2012]

Veeser, G. (2012): Die Zukunft der Bildung. In: http://www.stern.de/politik/deutschland/migrantenstudie-in-kleinen-schritten-zur-integration-1773062.html. [12.03.2012]

Vernooij, M.A. (2005): Erziehung und Bildung beeinträchtigter Kinder und Jugendlicher. Paderborn

Vernooij, M.A. (2006): Einführung in die Heil- und Sonderpädagogik. Wiebelsheim

Villányi, D. & Witte, M.D. (2004): Jugendkulturen zwischen Globalisierung und Ethnisierung. In: Zeitschrift für Erziehungswissenschaft 1, 58–70

von Arnim, H. (2009): Die Deutschlandakte. Was Politiker und Wirtschaftsbosse unserem Land antun. München

von Arnim, H. (2011): Der Verfassungsbruch: Verbotene Diäten – Gefräßige Fraktionen. Berlin

von Welck, K. & Schweizer, M. (2004) (Hg.): Kinder zum Olymp! Wege zur Kultur für Kinder und Jugendliche. Köln

Wagner, F. (2012): Theorie und Praxis der Beratung in sonderpädagogischen Handlungsfeldern: Aktuelle Tendenzen und Herausforderungen. In: Zeitschrift für Heilpädagogik 7, 279–288

Wagner, H.-J. (1998): Eine Theorie pädagogischer Professionalität. Weinheim

Wahl, Y. (2010): Erwartetes Urteil: Hartz IV-Empfänger hoffen auf Verfassungsrichter. In: http://www.spiegel.de/wirtschaft/soziales/erwartetes-urteil-hartz-iv-empfaenger-hoffen-auf-verfassungsrichter-a-676542.html. [09.08.2012]

Walther, P. (2009): Förderung bindungsunsicherer Schülerinnen und Schüler an Ganztagsschulen. In: Zeitschrift für Heilpädagogik 12, 496–503

Watzlawick, P. (1999): Vom Unsinn des Sinns oder vom Sinn des Unsinns. München

Weber, C. (2009): Das Blut am Handy: Kampf ums Coltan. In: Süddeutsche Zeitung vom 12.08.2009. In: http://www.sueddeutsche.de/wissen/kampf-ums-coltan-das-blut-am-handy-1.170029. [06.04.2012]

Weihs, S. (2007): Die Relevanz und Akzeptanz der Intuition in Theorie und Praxis professioneller sozialer Arbeit. Norderstedt

Weiß, H. (2000): Kindliche Entwicklungsgefährdungen im Kontext von Armut und Benachteiligung. In: Weiß, H. (Hg.): Frühförderung mit Kindern und Familien in Armutslagen. München, 50–70

Wember, F. B. (2007): Direkter Unterricht. In: Walter, J. & Wember, F. B. (Hg.): Sonderpädagogik des Lernens. Göttingen, 437–449

Wember, F. B. (2011²a): Didaktische Prinzipien und Qualitätssicherung im Förderunterricht. In: Heimlich, U. & Wember, F. B. (Hg.): Didaktik des Unterrichts im Förderschwerpunkt Lernen. Stuttgart, 81–95

Wember, F. B. (2011²b): Direkter Unterricht. In: Heimlich, U. & Wember, F. B. (Hg.): Didaktik des Unterrichts im Förderschwerpunkt Lernen. Stuttgart, 163–175

Werner, B. (2007): Lernbehinderung. In: Greving, H. (Hg.): Kompendium Heilpädagogik. Band 2. Troisdorf, 107–116

Werning, R. (2005): Anmerkungen zu Perspektiven einer Pädagogik bei Lernbeeinträchtigungen. In: Sonderpädagogische Förderung 1, 91–101

Werning, R. & Lütje-Klose, B. (2006²): Einführung in die Pädagogik bei Lernbeeinträchtigungen. München, Basel

Werning, R. & Lütje-Klose, B. (2012³): Einführung in die Pädagogik bei Lernbeeinträchtigung. München, Basel

WFP (2012): World Food Programe. In: http://de.wfp.org/hunger/oft-gestellte-fragen-faqs. [10.08.2012]

WHO (2012): Data and statistics. In: http://www.who.int/research/en/. [18.08.2012]

Wilbert, J. (2011): Förderung der Motivation bei Lernstörungen. Stuttgart

Wildin, S. R., Williamson, W. D. & Wilson, G. S. (1991): Children of battered women: Developmental and learning profiles. In: Clinical Pediatrics 30, 299–304

Wippermann, C. (2010): Lebenswelten von Menschen mit Migrationshintergrund in Deutschland. Grundlagenstudien vom Sinus-Institut. In: http://www.fes.de/BerlinerAkademiegespraeche/veranstaltungen/documents/WippermannMigranten-Milieus.pdf. [12.08.2012]

Wippermann, C. (2011): Milieus in Bewegung. Werte, Sinn, Religion und Ästhetik in Deutschland. Würzburg

Wocken, H. (2000): Leistung, Intelligenz und Soziallage von Schülern mit Lernbehinderung. Vergleichende Untersuchungen an Förderschulen in Hamburg. In: Zeitschrift für Heilpädagogik 51, 492–503

Wölke, S. (2010): Intuition – Über Bedeutung und Nutzen unserer inneren Stimmen. Norderstedt

Yang, B. & Clum, G. A. (2000): Childhood stress leads to later suicidality via its effects on cognitive functioning. In: Suicid Life Threat Behavior 30, 183–198

Zeisel, C. & Kaledzi, I. (2012): Europas Schrottplätze in Westafrika. In: http://www.dw.de/dw/article/0,,15741351,00.html. [06. 04. 2012]

Zito, D. (2010): Traumatherapie mit jungen Flüchtlingen. In: Dieckhoff, P. (Hg.): Kinderflüchtlinge. Theoretische Grundlagen und berufliches Handeln. Wiesbaden, 125–140

Roland Stein

Förderung bei Ängstlichkeit und Angststörungen

2012. 180 Seiten. Kart.
€ 19,90
ISBN 978-3-17-021978-6

Fördern lernen, Band 5

Aggressive, gewalttätige Kinder oder solche mit Aufmerksam-keits- und Hyperaktivitätsstörungen fanden als Störer in päda-gogischen Handlungsfeldern bislang breite Aufmerksamkeit. Dabei sind Ängste und Ängstlichkeit bei Kindern in der pädago-gischen Praxis ebenso weit verbreitet und bereiten erhebliche Probleme. Das Buch liefert zunächst grundlegende Informa-tionen zu den Erscheinungsweisen, der Verbreitung und den Erklärungskonzepten von Ängsten, Ängstlichkeit und Angst-störungen. Anschließend werden Möglichkeiten einer päda-gogischen Diagnostik erörtert und ein Überblick zu psychothe-rapeutischen Ansätzen gegeben. Ein Überblick zu verfügbaren, evidenzbasierten Programmen und Trainings schließt sich an. In einem ausführlichen letzten Kapitel werden die Ansatzpunk-te der Prävention sowie Möglichkeiten, Konzepte und konkrete Vorgehensweisen einer pädagogischen Förderung dargestellt.

www.kohlhammer.de

W. Kohlhammer GmbH · 70549 Stuttgart
Tel. 0711/7863 - 7280 · Fax 0711/7863 - 8430

Hannah Schott

Förderung bei Sucht und Abhängigkeiten

2011. 116 Seiten. Kart.
€ 14,90
ISBN 978-3-17-021558-0

Fördern lernen, Band 7

Der Band behandelt eine Gruppe von Phänomenen, die in pädagogischen Handlungsfeldern immer wieder aktuell werden. Bei zahlreichen Praktikerinnen und Praktikern lösen sie ambivalente Empfindungen aus und führen zu Unsicherheiten im pädagogischen Handeln. Das Buch beschäftigt sich sowohl mit substanzgebundenen als auch mit einer Auswahl nicht substanzgebundener Abhängigkeiten. Es informiert dabei über spezifische Erscheinungsbilder und Erklärungsmodelle und stellt Handlungsmöglichkeiten auf präventiver und intervenierender Ebene vor. Ziel ist es, den Leserinnen und Lesern ein tieferes Verständnis über die behandelten Phänomene zu ermöglichen und Ideen für den praktischen Umgang mit Betroffenen anzubieten.

 www.kohlhammer.de

W. Kohlhammer GmbH · 70549 Stuttgart
Tel. 0711/7863 - 7280 · Fax 0711/7863 - 8430